*Collection Témoins*

PIERRE DAIX

# BRÉVIAIRE POUR MAUTHAUSEN

nrf

GALLIMARD

*Aux miens*

Un homme de télé, toujours pressé : « Le soixantième anniversaire du retour des déportés. C'est maintenant. Qu'est-ce que tu as à dire de Mauthausen en 2005 ? »

J'ai failli répondre : « Rien de plus... » Puis j'ai pensé que l'amicale que nous avons fondée, comme celles des survivants des autres camps nazis, est désormais pour l'essentiel l'affaire de leurs enfants et petits-enfants. On publie aussi ces temps-ci, plus que par le passé, des livres sur nous. Surgissent de-ci, de-là, de nouveaux problèmes, des problèmes oubliés ou occultés. Nous avons pris du recul. J'ai répondu : « Je vais l'écrire. »

## NOTE SUR LE CHIFFRE DES MORTS À MAUTHAUSEN

Le nombre officiel des morts à Mauthausen tel qu'il fut établi par les autorités d'occupation de l'Autriche s'élève à 122 767. Parmi eux, 109 948 seulement figurent ainsi dans les statistiques par nationalité.

| | |
|---|---|
| Soviétiques | 32 180 |
| Polonais | 30 203 |
| Hongrois | 12 923 |
| Français | 8 293 |
| Espagnols | 6 502 |
| Italiens | 5 750 |
| Tchèques et Slovaques | 4 473 |
| Grecs | 3 700 |
| Allemands et Autrichiens | 1 735 |
| Belges, Luxembourgeois, Hollandais | 819 |
| Américains | 34 |
| Anglais | 17 |
| Indéterminés et apatrides | 3 319 |

Ces chiffres sont repris de Hans Maršalek (*Mauthausen Mahnt*, Vienne, 1950). Il est à remarquer que les Juifs et les Tsiganes ne sont pas décomptés comme tels. Cela explique sans doute le décalage entre les deux totaux. Cependant, une partie des Juifs massacrés a été classée par nationalité, ce qui explique l'importance du nombre des Polonais et des Hongrois. De même, une partie des Tsiganes figure en fait dans la dernière rubrique. En outre, ne sont pas pris en compte tous les détenus morts au cours de leur transfert ou exécutés à leur arrivée sans être immatriculés, ainsi que ceux morts à la fin du camp, ce qui élève sans nul doute encore le chiffre global retenu.

# I

## *D'entrée de jeu, la mise à nu, aussi la chance et le risque*

Vous êtes un interné politique, un résistant dans le camp de Royal-Lieu, près de Compiègne, par une matinée agréable du printemps 1944. Vous avez conservé, dans la prison allemande où vous fûtes jeté, vos habits civils — si vous sortez de la prison française de Blois où vous étiez vêtu de la bure des prisons centrales, on vous les a rendus —, vous conservez donc, d'une certaine façon, votre situation sociale d'avant. Du moins, son apparence. On vous autorise une liaison avec votre famille, vous recevez d'elle des colis de nourriture.

Dans ce vaste camp, pas un garde allemand à l'horizon. Vous pouvez marcher dans la cour herbue, grande comme un terrain de sport, parler avec qui vous voulez, vous conduire comme bon vous semble. Si vous ne cherchez pas des yeux les barbelés, vous pourriez même les oublier. La discipline, ce sont les prisonniers, vous ou moi, qui l'organisons. Bref, dans l'enceinte, vous êtes libre de vos mouvements. De vos conversations.

J'ai vingt et un ans. Je respire après deux pleines années d'enfermement. Avide du grand air, de nouvelles rencontres. Me voici déjà devenu l'ami d'un carme déchaux, l'aspect et l'esprit jeunes, le père Jacques. Patron d'une école secondaire en Seine-et-Marne, il est passionné par la jeunesse, par mon itinéraire de banlieusard devenu khâgneux à Henri-IV, et m'a demandé de lui préparer une rencontre avec des communistes de mon âge. Je choisis, parmi mes camarades de la prison de Blois, deux ouvriers. Le père Jacques les fait parler de tout, de leur vie, de leurs projets, de leur conception de l'amour, de leur idéal, pendant des heures, en sillonnant le camp à grands pas comme pour user ses sandales. Et voilà, tout à trac, qu'en son prêche du dimanche à la chapelle du camp, auquel il nous a invités, il donne mes camarades en exemple à tous les fidèles.

Sans doute un des bons bourgeois parmi nous s'en est offusqué. Peu après que le père Jacques a fini, on voit, pour la première fois, des S.S. intervenir dans le camp. La chapelle est aussitôt fermée par leurs soins. Ils admonestent le père Jacques, mais s'en tiennent là. Grande discussion parmi les internés. Les S.S. ne sont pas si terribles après tout. Est-ce mansuétude ou façon de nous endormir afin que nous ne pensions pas à l'avenir qui nous attend ? C'est la deuxième hypothèse que je trouve la bonne. J'ai lu avant la guerre un récit sur le camp de Dachau qui est une de nos destinations possibles et je crois savoir à quoi m'en tenir sur les violences qui nous attendent. Bizarrement, l'intrusion des S.S. n'a pas provoqué la peur. Je me dis : ils ne savent pas.

Je suis resté deux mois au printemps 1942 dans la

partie de la Santé sous la coupe de la Gestapo. J'y ai vu le système fonctionner en quelque sorte à froid. Alors j'essaie de combattre ma peur et j'attends notre transfert en Allemagne sans illusion. Royal-Lieu est un leurre. Je le dis haut et fort à mes copains pour qu'ils s'y préparent. Un monsieur bien mis me lance : « Oui, évidemment, les communistes tels que vous allez passer un sale moment, mais nous, au pire, on nous mettra avec le service du travail obligatoire, le S.T.O... »

Que lui dire ? Il ne m'entendra pas. Je suis en ce printemps 1944 déjà un rescapé, un survivant. Presque tous mes copains ont été fusillés en 1942. J'espère seulement que la Gestapo ne rouvrira pas mon dossier avant de me choisir un point de chute dans ses camps. Je ne sais pas encore que cette perte de toute illusion sera mon brevet de survie.

Un beau matin, on nous fait mettre en colonne par cinq afin d'aller à pied à la gare. Pourquoi, en arrivant sur le quai, prêteriez-vous attention à de petits groupes de soldats en noir à côté de longs cylindres de bois mis en tas ? Voilà que les types en noir découpent notre convoi tous les vingt-quatre rangs, laissant des vides juste en face des tas de cylindres. C'est mon septième transfert de prison à prison, à centrale ou à camp. Du fait de mon séjour à la Santé allemande, j'ai reconnu les types en noir : ce sont des S.D., des S.S. de la Sécurité, du *Sichereitsdienst*. Donc les cylindres de bois sont des triques. Il faut en conséquence se placer exactement à équidistance des tas, parce qu'ils vont nous taper dessus pour nous faire entrer dans les wagons. Je le dis aux copains dont j'ai la responsabilité.

Un train surgit lentement, bonne vieille locomotive française, conduite par des cheminots de chez nous. Elle tire une vingtaine de wagons de marchandises prévus pour quarante hommes, huit chevaux en long, et s'arrête dans de grands jets de vapeur. J'ai bien calculé : nous sommes devant la porte ouverte d'un wagon. Aussitôt, chaque S.S. prend un gourdin. Sans préavis, en hurlant, ils attaquent les groupes de détenus de tous côtés pour les faire monter. Les miens sont entrés droit devant eux, les premiers, et je leur fais signe d'aller avec moi jusque devant les ouvertures au fond du wagon parce que, très vite, nous allons manquer d'air, surtout qu'une énorme tinette au centre envoie ses effluves d'ammoniac.

J'ai failli mourir asphyxié en septembre 1942 dans le panier à salade qui, mû par un gazogène, mit vingt-deux heures pour aller de Fresnes à la centrale de Clairvaux. À deux dans une cellule pour un. Heureusement, je suis tombé avec un cheval de retour qui avait déjà subi pareille épreuve. « Tu ne parles pas, ne bouges pas. Essaie de dormir. » Les gaffes de Clairvaux avaient l'habitude : ils nous accueillirent en nous lançant un seau d'eau au visage. Deux des occupants du panier ne sont pas revenus à eux.

Je réentends aussi le bruit que j'ai appris à reconnaître à la section spéciale de la préfecture de police, puis à Clairvaux, sourd et sec à la fois, des coups sur un homme. Une fois que vous l'avez entendu, il vous reste à jamais dans les oreilles en ce temps de guerre, comme les bruits différents des armes à feu. Dominent cependant les hurlements de douleur et de peur, les cris d'affolement de ceux qui n'ont jamais de leur vie reçu de coups et sont désorientés d'être soudain traités plus mal que des bestiaux. Pas facile de faire entrer cent vingt bonshommes dans un espace prévu pour le tiers, c'est bien plus que dans le métro le plus bourré, mais les triques en bois des types du S.D. sont efficaces.

Pour la plupart de nos compagnons, les coups reçus sont un baptême, comme on dit alors en argot des prisons. On nous dispensera à tous un autre baptême une douzaine d'heures plus tard, au passage de la nouvelle frontière du Reich à l'entrée de la Lorraine. Les convoyeurs nous font alors sortir des wagons, nous déshabiller sur le quai, attendre que tout le monde soit nu sous une petite neige très fine et rentrer à nouveau sous les coups dans les wagons. Transis, bousculés les uns contre les autres, sans pouvoir échapper au contact d'autres peaux, à la promiscuité, aux odeurs, nous avons malgré tout davantage de place. Davantage de peur aussi.

Nous essuierons un bombardement de nuit en gare de Francfort, le lendemain, deux heures durant. La peur, là, se déchaîne, parce que nous sommes contraints de le subir immobiles, sans pouvoir même bouger, assourdis par les fracas si proches que le wagon tremble sur ses roues. Nous recevons sur le toit la pluie des débris d'obus de la D.C.A. Nous repartons. Le bout de pain qu'on nous a donné est fini depuis longtemps. Le troisième jour, à cause du manque d'air, des cas de folie éclatent, provoquant des bagarres absurdes, et on ne sait qui flanquera dans la tinette le premier mort. La dernière nuit est celle du froid car il neige à gros flocons que nous buvons avidement en les cueillant par les bouches d'air. Au petit matin du quatrième jour, à l'arrêt en gare où nous lisons sur des écriteaux Mauthausen, un nom inconnu, sortant enfin du wagon, nous nous trouvons devant d'énormes tas en vrac de nos chaussures et de nos vêtements.

Les S.S. ont formé une file et nous canalisent en nous tapant dessus. Ils nous hurlent aussi dessus, mais ça se perd dans les clameurs. J'accède aux chaussures. Ma mémoire d'autres transferts et des sabots de la centrale de Clairvaux me fait crier à mes copains : « Les chaussures ! D'abord des chaussures à ton pied ! » La plupart de nos compagnons ne sont pas encorc prêts tout nus à faire leur deuil de leurs habits et croient pouvoir les retrouver, rendosser leur apparence civile. Ils fouillent, fouillent, et la panique monte jusqu'à se battre pour une veste ou un pantalon. Les S.S. les bousculent, cognent de plus belle avec leurs fusils. Certains des nôtres en oublient de se chausser et sont déjà en train de signer leur mort. Rien n'y fait. Ils ont trop peur du froid. Ils n'écoutent pas.

J'aperçois, en rentrant dans le rang, un tas de morts déjà sortis des wagons. Une bonne douzaine. Des détenus tondus, en calot et costume rayés blanc et bleu, apportent d'autres corps en tas sur des civières rudimentaires. Les coups pleuvent comme grêle sur nous. Je comprends à présent les hurlements en allemand lourd, autrichien, d'aller plus vite. Je distingue : *Schnell, schneller !* Puis voilà qu'ils se traduisent en russe : *Bistro ! Bistro !* En espagnol... *Pronto ! De prisa !* Nous arrivons donc dans un camp international. Pas un mot en français.

Trois ou quatre kilomètres, peut-être cinq de montée au pas de course dans la neige sous les coups. Nous passons des pavés à la terre empierrée. Ça glisse moins, mais nous voici entourés de molosses qui nous aboient aux chausses. Claquements des revolvers qui abattent les traînards. Aboiements et claquements. J'essaie de négocier avec ma peur. Je sais par expérience qu'elle peut couper les jambes. J'essaie de respirer en cadence.

Voilà que Duvernois, un de nos copains de Blois que nous entourons parce qu'il est malade, ne parvient plus à tenir le rythme. Nous le soutenons. Finalement, nous le porterons à tour de rôle, avec ce claquement des revolvers qui se fait dans notre dos toujours plus pressant. Si tu t'écartes, trébuches ou te laisses distancer, tu es abattu. Ces idiots n'économisent même pas leur main-d'œuvre. Ça n'aurait pourtant pas de sens qu'ils nous aient conduits jusqu'ici simplement pour nous tuer. Mais pourquoi chercher du sens ? Enfin le convoi ralentit au pied d'une forteresse écrasante. Éclairée.

Quand le jour se lève, notre foule se trouve coincée entre de hauts murs en granit. Barbe de quatre jours, nous avons l'air déjà indistinctement de clochards. Deux, trois heures plus tard, tondus, rasés partout, entrejambes compris, vêtus du même caleçon et de la même chemise rayés blanc et bleu, de misérables claquettes aux pieds, passés à un interrogatoire d'identité, nous allons traverser au pas de course, sous la même neige fine, toute la longue cour du camp jusqu'aux blocks de quarantaine derrière un autre mur. Il ne nous reste rien, plus un poil de notre apparence sociale. Nous sommes, pour toute la suite, des matricules.

Sauf le rasage intime et le coup de pinceau au formol sur le sexe et le cul, histoire d'en finir avec les poux, j'ai déjà subi un sort comparable en arrivant dans les vapes à la centrale de Clairvaux fin septembre 42. Mes copains de Blois aussi sont tous passés par Clairvaux, Poissy ou Fontevraud, les bagnes français de la zone occupée. La nouveauté ici, c'est l'humiliation ajoutée : un coup de tondeuse à zéro du front à la nuque au centre du crâne qui découpe la tonte en deux touffes de poils et te défigure quand tu ôtes ton bonnet.

C'en est bien fini des formules de politesse entre nous. Nos compagnons ont le sentiment d'avoir tout perdu jusqu'à leur identité en quelques heures. Et quand ils recevront une gamelle d'on ne sait quelle soupe sans fourchette ni cuiller... Un maire socialiste de l'Aude cherche sa belle barbe, ce qui prête à rire. Il ne cessera plus ce geste. Nous rirons moins le surlendemain devant son cadavre.

Quand je compare avec les prisons françaises, ce n'est pas pour assimiler leurs gardiens aux S.S. du camp, même si j'ai connu parmi les premiers des sadiques. Il y a eu entre eux et les S.S. le fossé du fanatisme raciste, un fanatisme proprement rabique. Ce qui est comparable, c'est le monde fermé du bagne. Détenu, tu n'y as aucun droit. À toi d'y découvrir que, sous le règne apparent du bon plaisir, il existe tout de même des règles. La première, la plus absolue : tout doit s'y passer sans problème. Que rien n'attire l'attention des maîtres sur toi. Tu n'es plus qu'un forçat. On ne gagne au bagne un tant soit peu d'autonomie qu'en s'y faisant tout petit. Invisible. C'est le prix pour pouvoir prendre de la distance. Et là, pas de différence entre Clairvaux et Mauthausen. Du moins les jours où les S.S. n'avaient pas été enflammés par leurs chefs, ce que le camp appelait *Dicke Luft*, l'« air épais ». Mais, en 1944, la cadence sans cesse croissante de l'arrivée de nouveaux détenus leur en laissait moins le loisir.

Germaine Tillion apporte à l'analyse des camps nazis sa formation d'ethnologue. Elle a été une des meilleures observatrices du système et note que « les catégories relativement privilégiées se recrutèrent parfois dans la pègre, mais, faute de pègre, elles furent aussi choisies à l'ancienneté – donc parmi ceux ou celles qui possédaient le mieux ce qu'on peut appeler la "science carcérale" [1] ». C'est l'expression la plus juste. *Ancienneté* a son importance, je le montrerai à propos de nos Espagnols, parce que les gardiens de prison, S.S. compris, acquièrent à la longue une familiarité

1. Germaine Tillion, *À la recherche du vrai et du juste*, Paris, Éd. du Seuil, 2001, p. 189.

avec ceux qu'ils ont l'habitude de dominer, ceux dont les têtes, le langage parlé l'exprime à merveille, *leur reviennent.*

Nous avons perdu douze des hommes de notre block sur huit ou neuf cents le premier jour et la première nuit, dont Duvernois. Le réveil était toujours affreux. Le soir, on nous faisait coucher « en sardines » comme nous disions, c'est-à-dire tête-bêche, et seuls les coups de *gummi,* la trique du camp faite en tuyau de caoutchouc dur, permettaient d'aligner trois groupes de chacun cent trente, cent quarante détenus sur les matelas placés côte à côte dans la longueur du dortoir. Ensuite, tu ne pouvais plus bouger sans perdre ta place. Qui s'y risquait était envoyé dehors passer la nuit, dans la neige. Au matin, on découvrait ceux qui ne se réveillaient pas.

Mon véritable baptême du camp, ce fut l'odyssée de Duvernois. Tubard, il avait pris froid dans le wagon et ne se remettait pas de la montée, n'arrivant plus à respirer. Incapable de se tenir debout le soir, le lendemain, il râlait. Hémoptysie. Au retour en France, un médecin à qui je décrirai les symptômes diagnostiquera une phtisie galopante. La misère physique réveillait cette maladie du XIX$^{e}$ siècle.

Je ne m'explique plus du tout pourquoi, oubliant toute prudence, j'ai voulu absolument non le sauver, c'était trop tard et on ne pouvait même pas le faire soigner, mais l'empêcher de mourir seul. Je suis allé trouver, après une altercation avec le détenu de service, le patron du block, le *Blockschreiber*, le secrétaire. Un Polonais jeté à Mauthausen dès 1939, portant beau, Lutz, qui me répondit tout de suite en bon français que nous étions un peuple dégénéré à cause du Front populaire et de la défaite de 40. Nous étions envoyés à Mauthausen pour y mourir. Nous ne l'avions pas volé.

Je me suis absurdement accroché. Je ne voulais pas que Duvernois meure seul. Je l'ai dit à Lutz. Ça l'a surpris et j'ai obtenu de rester à côté de lui dans son agonie. Plus tard, les détenus de service ont fait de son cadavre un paquet qu'ils ont jeté à l'entrée du block, à temps pour l'appel.

Ma conduite était irréfléchie, mais, parlant allemand, je me sentais une responsabilité vis-à-vis de mes camarades. J'ai compris par la suite que ces risques pris pour un mourant avaient dû frapper Lutz. Six semaines plus tard, tout en me menaçant des pires châtiments si c'était bidon, il acceptera un matin de me reconnaître comme malade et de m'épargner le travail à la carrière afin que je reste au block jusqu'à la visite du médecin, polonais comme lui. Je leur dois finalement d'écrire soixante ans plus tard ces lignes.

Pour survivre à ce système de décervelage, il fallait d'abord se convaincre que tout ne tenait désormais qu'à soi, à la nécessité de garder la tête hors de l'eau, au regard qu'on devait jeter sans cesse, en toute circonstance, en tout lieu, pour repérer la moindre manifestation de l'ordre S.S. L'enseignement des vieux aux nouvelles recrues tenait en deux mots du sabir du camp : « *Du kuken* », en argot de l'époque : « Faut zyeuter ! » Ce qui impliquait de tenir la tête haute.

Ça n'a l'air de rien dans la vie civile, mais quand

les coups pleuvent... Eh bien, justement, là encore négocier avec ta peur. Échapper aux coups allait dépendre de l'acuité de ton regard, mais en gardant les yeux baissés, sans jamais fixer un S.S. dont tu devais rester éloigné de trois mètres en te mettant au garde-à-vous dès son approche ou même un kapo. Ne jamais donner l'impression de tenir tête.

Tout allait dépendre de ta capacité à anticiper la sauvagerie. Ta survie, à une hygiène sans faille à l'eau froide, aussi à l'acquisition rapide d'un allemand *basic*, de patois et d'argots divers, sabir du camp mâtiné de slave et d'espagnol.

C'est à tort, à défaitisme inconscient, qu'on voit dans ces épreuves d'initiation bestiale au bagne une déshumanisation. Dans la tête des tortionnaires le plus souvent détenus, comme dans celle des S.S., sans nul doute, il s'agissait de casser les nouveaux arrivants. D'abord leur ôter tout respect d'eux-mêmes. Les persuader qu'ils n'étaient plus qu'un *Stück*, une pièce, un objet interchangeable et sans valeur. Mais, de ce fait, rien n'était plus important alors pour les nouveaux arrivants, au contraire, que d'apprendre tout de suite à ne rien céder sur l'humain en eux, quel qu'en soit le prix.

Tu perds en moins de temps qu'il n'en faut pour le dire le contact avec la réalité. Des ordres, dont, même si tu parviens à les traduire, tu ne saisis pas toujours le sens parce que tu n'as pas fait de service militaire. Ici, en outre, ce sont les mœurs de caserne de la *Wehrmacht*. Ton nom est désormais tout autre, prononcé en allemand. Mon année comme 4856 à

Clairvaux m'avait appris que le plus important était de reconstruire avant tout une solidarité.

L'avantage des communistes fut qu'ils partageaient déjà cette solidarité entre eux. Des parcours anciens en prison. Dehors, des grèves dures, prolongées. La guerre d'Espagne pour quelques-uns de nos aînés. Ils savaient se reconnaître, par-dessus les nationalités parfois. Au deuxième soir de mon arrivée, j'avais déjà le contact avec le parti du camp. Ça n'a pas marché parce que le hasard a voulu qu'une épidémie de diphtérie vaille à notre block six semaines de quarantaine. Ce fut seulement partie remise.

Quarantaine ou pas, avec nos légers rayés blanc et bleu et nos claquettes, on nous envoya sauf le dimanche, pour douze heures ou plus avec les appels, à la carrière de Wienergraben, les « Fossés de Vienne ». Nous y descendions par le célèbre escalier aux 186 marches, l'emblème de Mauthausen, marches alors construites très inégales et disjointes, afin de casser notre rythme (il a été depuis refait au cordeau pour les touristes). On le remontait le soir avec un morceau de granit sur l'épaule d'au moins dix kilos. Les malins qui en choisissaient un trop petit se voyaient évidemment attribuer par les S.S. un colossal. Là aussi, passer au travers devenait affaire d'observation après une journée d'efforts éreintants et le plus souvent de coups, affaire d'entraide, de débrouillardise. Encore plus, de prudence. Ne jamais croire que c'est gagné avant la dernière marche.

Le premier jour, je n'ai pas vu arriver à temps qu'un kapo me tendait un marteau-piqueur. J'ai tenté avec d'attaquer le granit, mais c'est moi qui ai été rejeté brutalement en arrière. Un copain de Blois, un costaud, mineur de son état, m'a pris l'instrument des mains, heureux de faire jouer ses muscles. Trois semaines plus tard, il comptait parmi les morts de la nuit. À ce moment-là, épidémie aidant, tout le block n'offrait que des visages hâves. Cahotant sur les pierres disjointes de la cour, une misère physique trop évidente.

J'ai longtemps pensé que ces images de quarantaine — elles se sont pour moi répétées par la suite, mais en spectateur, parce que mon travail dans l'administration du camp me conduisait de nouveau dans les blocks des arrivants pour y réconforter les Français qui débarquaient — que ces images, donc, étaient ce qui existait de plus intransmissible. Les photos prises à la libération des camps les dramatisent. En quarantaine, le temps n'existait plus parce que vous rentriez de la journée assommé de fatigue, pour rester debout durant l'appel voulu interminable et gagner enfin votre couche... Le lendemain serait à l'identique. Le même poids de fatigue. Du trop peu de sommeil.

L'année passée, oui en 2003, j'ai découvert stupéfait les dessins et les peintures d'Arpaïs Szynkman-du-bois, une jeune femme dont le père a été déporté à Dachau et qui l'a entendu raconter le camp. Je me suis brusquement retrouvé en quarantaine, la voyant mieux que je ne l'avais jamais vue, sous cette lumière, ces traits, cette hauteur de vue que seul l'art, le grand art peut donner, car Arpaïs est en possession d'un métier auquel peu parviennent. Je recopie ma première réaction. « Nous sommes sans porte de sortie dans cet envers du monde où chaque lendemain apportait un peu plus d'arrachement à l'humain. Nous y sommes comme ces êtres au bord du néant, dont la chair s'épuise jour après jour, ces silhouettes où les victimes cherchaient à lire l'image d'elles-mêmes dans ce monde d'où tout miroir était banni. C'est le regard des victimes sur elles-mêmes qu'Arpaïs sait nous donner à voir, nous obliger à partager. Elle a disloqué la vitre qui nous séparait à jamais des camps comme d'autant de cages dans un aquarium de l'horreur, a démantibulé tous les réseaux de précautions ou de publicité qui font des visiteurs des voyeurs. Tout est à nu. Nous comme eux [1]. »

Ce qui me fascine le plus, c'est l'extraordinaire transmission qui jaillit de ces dessins. Zoran Music, lui aussi passé par Dachau, a attendu sa maturité d'artiste et de grand artiste pour peindre ce qu'il avait connu dans sa jeunesse. Il avait eu besoin de ce dépassement en lui. Arpaïs a su le recréer par la distance de l'écoute de son père, mais aussi et surtout parce qu'elle a su laisser venir ses émotions prendre forme, se figurer hors de toute contrainte. J'ai pensé, en voyant ses œuvres, à cette réflexion du vieux Matisse : « La possession des moyens doit passer du conscient à l'inconscient par le travail, et c'est alors que l'on arrive à donner cette impression de spontanéité [2]. »

1. *Histoire* par Arpaïs Szynkman-du-bois, *Dessins de l'indicible*, par Pierre Daix, Gent, 2004. L'ensemble a été exposé à l'espace Gainville, à Aulnay-sous-Bois (93600), du 29 octobre au 28 novembre 2004.

2. Dans l'interview accordée à Léon Degand, *Les Lettres françaises*, 6 octobre 1945.

Inutile d'ajouter qu'Arpaïs prend à contre-pied toute la mode en arts plastiques et les jugements des autorités. En opérant par transgression de toute règle cette transmission du monde des camps nazis, précisément à soixante ans de distance, elle crée une relève aussi inoubliable qu'imprévue. Je me dis que, peut-être, dans un siècle ou deux, une jeune fille ou un jeune homme arrêtera son regard sur ces œuvres, cherchera dans le dictionnaire le mot Dachau à quoi elles se réfèrent et se réinventera, avec ses moyens dont je n'ai bien sûr aucune idée, de nouvelles images de cette horreur. Des images du dépassement de cette tragédie.

Je peux penser cela aujourd'hui parce qu'en ne cessant de *kuken*, en jouant les tire-au-flanc, j'ai tenu six semaines à Wienergraben. Puis sinusite purulente. Fièvre. Visage rouge gonflé. Par hasard, je connaissais depuis la Santé (voir plus haut) le mot allemand pour « érysipèle », maladie contagieuse : *Wundrose*. Lutz aussi (il était pharmacien dans le civil). Il m'a laissé au block, m'épargnant la carrière. Autre hasard, le médecin ukrainien qui m'a tiré d'affaire au camp des malades, comprenant, quelques jours plus tard, que j'avais trouvé la liaison avec les communistes, me dit que s'il avait su que j'en étais un, il m'aurait laissé crever. *Krepieren*. Je ne connaissais pas encore ce mot. Il allait me falloir dix années, la mort de Staline et les révélations de la déstalinisation sur les terribles famines en Ukraine après la collectivisation de la terre, la terreur en 1937, pour commencer à comprendre ce que voulait dire ce qu'il m'avait dit.

## II

## *Le langage de l'autre et l'Europe de la mémoire*

Mon père socialiste avait voulu qu'au lycée j'apprenne l'allemand, persuadé que si la jeunesse de chacun des deux pays apprenait la langue de l'autre, il ne serait plus possible d'organiser une nouvelle boucherie des peuples comme en 1914. J'ai appliqué sa décision en octobre 1934 pour mes douze ans, à mon arrivée en quatrième. Cela se passait un an après l'arrivée de Hitler au pouvoir. Les premières nouvelles des violences de son régime firent hésiter ma mère au dernier moment. « À quoi lui servira l'allemand ? » Mon père trancha : « Les Hitler passent, l'Allemagne restera. »

Gendarme, il avait participé à l'occupation du Palatinat fin 1918 et découvert là une hygiène chez les plus pauvres, une qualité de vie et de solidarité qui lui donnèrent beaucoup à penser sur ce qu'on lui avait raconté sur les Allemands. Sa réflexion et ses convictions politiques naquirent de là.

J'ai eu à Henri-IV un professeur génial, Maurice Colleville, grand germaniste qui se servait de l'histoire de la langue allemande depuis la Bible de Luther et Grimmelshausen pour nous en faire partager l'évolution et la richesse, nous en donner le goût. Il nous plongeait aussi de temps en temps dans le *Plattdeutsch*, pas seulement pour le comparatisme, mais afin d'éclairer notre environnement linguistique grâce au flamand. Un ouvreur de pistes extraordinaire. Il m'a préparé à Mauthausen parce que ses leçons sur les transformations, les modulations de l'allemand m'ont permis de n'être pas trop dérouté par les pires patois ou argots qui s'y pratiquaient.

Lors de mon apprentissage de la prison après nos premières manifestations contre les Allemands qui avaient entraîné la fermeture de la Sorbonne en novembre 1940, avec deux de mes camarades, Bob Kirschen (qui sera fusillé en août 42) et Pierre Kast, futur cinéaste, nous avons décidé que le seul moyen de ne pas nous laisser décérébrer était de reconstituer ensemble, durant les promenades, les poèmes que nous aimions. En trois mois de séjour nous avons recomposé Baudelaire d'*Une charogne* au *Vin des chiffonniers* ou à *Harmonie du soir*, *Le Cimetière marin* de Paul Valéry, les premiers poèmes de guerre d'Aragon. Toute *La Chanson du mal-aimé* d'Apollinaire. Je nous revois lançant devant les droits-communs ahuris

> Mais moi j'ai le cœur aussi gros
> Qu'un cul de dame damascène
> Oh mon amour je t'aimais trop
> Et maintenant j'ai trop de peine

Je découvrirai, un tiers de siècle plus tard, que c'est ainsi que Soljenitsyne s'était servi de la poésie à son arrivée dans le goulag. À la carrière de Mauthausen, j'étais seul avec moi-même. J'ai repris l'expérience. Les rimes françaises n'allaient pas. C'était Goethe qui me venait aux lèvres. Heine, bien sûr, pour la provocation puisqu'on le chassait comme Juif des anthologies scolaires. Puis, surtout, Rilke. Peut-être parce qu'il était autrichien et pour une autre provocation vis-à-vis des S.S. du lieu. Aussi, tout bonnement, parce que ma mémoire me servait pour le sens, *La Panthère*, le félin qu'il avait observé dans sa cage au Jardin des Plantes, à Paris :

*Sein Blick ist vom Vorübergehn der Stäbe*
*So müd geworden, dass er nichts mehr hält*

Son regard a été tellement lassé du défilé des barreaux qu'il ne retient plus rien... Ou bien *Todeserfahrung*, l'Expérience de la mort.

*Wir wissen nichts von diesem Hingehen, das*
*Nicht mit uns teilt*

Nous ne savons rien de ce départir qui n'est en rien de notre partage... Plus encore, *La Mort de l'amante*, que j'entendais au présent :

*Er wusste nur vom Tod, was alle wissen*
*Das er uns nimmt und in das Stumme stösst...*

Il ne savait du mourir que ce que tout le monde en sait, qu'il nous saisit et nous pousse dans le silence. La mort au masculin en allemand.

Quand, tantôt, je parlais de garder la tête hors de l'eau, ces poèmes m'y ont aidé par le décalage démesuré qu'ils créaient avec la réalité ambiante, une vraie évasion quand je remontais ma pierre le soir sur les marches inégales et que j'en cadençais mon escalade. Un autre monde m'y faisait signe. Plus tard, après que je me suis sorti du bourbier, j'ai continué de plus belle. Le travail administratif comportait des temps de pause quand on en avait fini avec les paperasses. Il fallait donner l'impression qu'on travaillait, et même qu'on s'affairait, mais pas plus.

Et puis, comme je l'ai raconté ailleurs [1], après que la Libération de Paris a fait, dès la mi-août 44, passer les Français parmi les nations respectées à Mauthausen, je suis passé aide-secrétaire au block 10, block de détenus importants. J'y ai découvert une bibliothèque de livres récupérés sur les arrivants, conservés par hasard, visiblement sans aucun contrôle. Sans même, à coup sûr, qu'aucun S.S. n'y ait jeté un coup d'œil. J'y suis tombé sur un exemplaire dépareillé des *Buddenbrook* de Thomas Mann, fort mal vu du régime, surtout sur les œuvres complètes, dans une belle édition, d'Egon Erwin Kisch (1885-1948), journaliste tchèque et communiste de langue allemande qui participa aux envolées de littérature collective dans la jeune république de Weimar.

1. Dans *J'ai cru au matin*, Paris, Laffont, 1976.

Je me suis demandé si ce n'était pas un piège. J'ai fait mon enquête, personne parmi les autorités du block n'en connaissait l'existence. Je me suis mis à lire ces livres le dimanche, jour de repos, sous les sarcasmes qui accueillaient les intellectuels, mais sans plus. Cette renommée de consommateur de livres me vaudra plus tard que le kapo droit-commun des douches récupérera pour moi deux livres des Éditions de Minuit clandestines, apportés par un arrivant que, hélas, je n'ai jamais pu repérer, *Le Silence de la mer* et *L'Honneur des poètes*. J'ai pu les faire circuler parmi les Français.

Les S.S. s'occupaient de tuer, de faire produire, d'accumuler pour eux-mêmes l'or dentaire des prisonniers, le fric de combines diverses pour lesquelles ils avaient besoin de la complicité des droits-communs. Ils nous méprisaient trop pour songer à effectuer le moindre contrôle idéologique. Nous étions bel et bien à leurs yeux des sous-hommes irrécupérables, et un sous-homme ne pense pas. Avec le recul, je mesure que cela fut un atout pour nous autres politiques, par comparaison avec ce qu'on infligea aux nôtres dans les goulags soviétique, coréen ou chinois où les sbires entendaient les « rééduquer ».

Vous me direz que les conditions de la majorité des détenus des camps nazis étaient exténuantes et même pour ceux qui avaient la chance d'appartenir au camp central de Mauthausen. Sans aucun doute. Mais quelques minutes de lecture, sous la protection des copains, avec les nouvelles de la guerre écoutées, puis transmises par la résistance, ont aidé plus d'un à garder le moral. Et l'organisation de solidarité des Français servait aussi à ça, à parler ensemble, à sortir ceux qui souffraient, au moins pour quelques instants, avec une tranche de pain ou un morceau de sucre, de leurs tracas de forçats.

On comprendra que j'aie été très attentif après la guerre à la reconstitution d'une culture allemande et, sitôt que j'en ai eu le pouvoir, j'ai veillé à ce que *Les Lettres françaises* que je réalisais rendissent compte des premières traductions d'Alfred Andersch — déporté à Dachau, il fut un des fondateurs du Groupe 47 à Francfort —, de Heinrich Böll, puis de Günter Grass, de Siegfried Lenz. Ce genre d'attention m'a valu, je dois le dire, des lettres d'insultes de lecteurs qui pensaient qu'ancien déporté j'étais ainsi infidèle à ma propre expérience ainsi qu'à Jacques Decour, fondateur avec Jean Paulhan du journal et fusillé en 1942 par les Allemands.

J'ai fini cependant par croire que la partie commençait d'être gagnée au début des années 1960. Je me servais alors d'un journal d'étudiants allemands, *Konkret,* pour faire passer des informations sur la guerre d'Algérie que la censure française aurait autrement condamnées et je trouvais à nouveau pédagogique de m'appuyer sur un journal allemand en un temps où des Français, y compris parfois d'anciens résistants, participaient à des violences dégradantes jusqu'à la torture contre les Algériens. Le compte rendu de la première exposition qu'un musée français ait osé faire de l'expressionnisme allemand en 1966 m'a montré que les préjugés étaient toujours là. Le sectarisme culturel ne cède pas avec le temps, bien au contraire. Il faut toujours penser à rouvrir les portes.

À l'époque, nous étions peut-être encore plus loin d'une approche raisonnable de la démocratie outre-Rhin qu'au lendemain de la victoire de 1945. Cela parce que la République démocratique allemande, vue de Paris, était trop souvent parée de toutes les vertus, laissant le noir à la République fédérale bien que celle-ci eût été la seule des deux Allemagnes à organiser les procès des tortionnaires des camps et des exterminateurs d'Auschwitz.

Pour être écrivain en R.D.A., il fallait, comme dans tous les pays socialistes, se voir accepté par l'Union des écrivains. En plus d'un dispensateur de sécurité sociale, c'était un organisme de censure militante sous la houlette de KuBa, Kurt Bartels, qui n'a pas laissé un nom dans la littérature, mais a été immortalisé quand même par le poème que Brecht écrivit et fit diffuser clandestinement après le soulèvement ouvrier du 17 juin 1953 contre le régime. En voici la traduction :

Après le soulèvement du 17 juin,
Le secrétaire de l'Union des écrivains
A fait distribuer des tracts dans la Stalinallee.
Le peuple, y lisait-on, a perdu la confiance du gou-
[vernement,
Qu'il ne saurait retrouver
Qu'en redoublant d'efforts. En ce cas,
Ne serait-il pas plus simple, pour le gouvernement,

De dissoudre le peuple
Et d'en élire un autre.

KuBa s'était mis à revendiquer, ni plus ni moins, que *Les Lettres françaises* passassent par son entremise pour entrer en contact avec les écrivains de l'Ouest comme Böll ou Günter Grass. J'avais eu là-dessus, à Berlin, un débat fort vif avec lui en privé et fini par lui répondre que si j'étais heureux comme ancien déporté qu'il y eût deux Allemagnes et pas une seule, j'entendais, comme écrivain français, les traiter sur un pied d'égalité. Il me quitta apoplectique et crut bon de prendre une revanche publique lors d'un dîner officiel où je me trouvais à côté de Nazim Hikmet. Ce dernier crut d'abord à une blague, puis il se leva tout à coup, majestueux, et éclata : « Vous ne lisez pas ces écrivains. Pour certains vous ne saviez même pas qu'ils existaient. C'est Daix qui vous a informé de leurs livres. Des livres écrits par des Allemands sur l'Allemagne et que vous décidez d'ignorer. Et vous voudriez qu'il s'en remette à vous pour les rencontrer ? Pour savoir ce qu'il faut penser d'eux ? » L'autre, imperturbablement, répéta qu'il s'agissait d'une question de principe, d'une question de socialisme...

Pas mal d'années plus tard, quand mon fils à son tour se mit à étudier l'allemand au collège, j'ai découvert que, par accord diplomatique s'il vous plaît, les manuels français d'allemand devaient se contorsionner pour trouver des histoires qui seraient à cheval sur les deux Allemagnes, mises évidemment sur le même plan, comme s'il n'existait ni rideau de fer, ni mur de Berlin, ni censure à l'Est. Une aussi artificielle mise à plat de la réalité ne pouvait aboutir qu'à vider de tout contenu intéressant ce genre de livres et je ne compte même pas ce qu'ils répandaient de mensonges pieux sur la R.D.A.

Si bien, d'ailleurs, que la disparition inopinée de celle-ci dont on faisait si grand cas n'a pas été sans porter un coup redoutable à l'intérêt des familles pour l'enseignement de l'allemand, tandis qu'une grande partie des élèves qui avaient subi ce lavage de cerveau laissait tomber l'allemand après le bac. Ce que ces programmes mystificateurs ont fait perdre à nombre de générations de jeunes Français n'est pas à comptabiliser seulement sur le plan français, mais, ce qui est plus grave, sur celui de l'Europe.

Si l'anglais est langue d'ouverture mondiale — il faudrait s'évertuer à l'ouvrir à nos enfants dès la fin de la maternelle —, je reste convaincu que, pour les Français, c'est l'allemand la langue la plus nécessaire à la pénétration de la culture européenne dans l'Europe des Vingt-Cinq que nous sommes en train de construire. Pour la bonne marche du couple franco-allemand, sans nul doute, mais aussi pour la compréhension de cette Europe qu'on dit « centrale ». Surtout, parce qu'il faudra bien établir en commun, pour le futur, une histoire commune depuis le haut Moyen Âge, une histoire enseignable dans les écoles des deux côtés du Rhin.

Nous aurons certes à accomplir le même travail avec les Italiens, les Espagnols, les Hollandais et, bien sûr, les Anglais. Car il ne s'agit pas ici de la seule maîtrise de la langue écrite et parlée — trop souvent réduite d'ailleurs au lexique commercial — mais bien, j'y insiste, de l'accès à une compréhension culturelle. Au dépassement de toutes les guerres où nous nous sommes affrontés. Les mythes de Louis XIV et de Napoléon en prendront un sacré coup... Et tant mieux ! Nous n'avons que trop tardé à engager au niveau de l'Éducation nationale, mais aussi des expositions, des colloques universitaires, les révisions indispensables afin d'en finir avec les vieux préjugés.

J'en étais là de mes réflexions quand *Le Monde* du 27 octobre 2004 m'apprend que le Conseil des ministres franco-allemand a « décidé de lancer un manuel d'histoire commun qui sera proposé dans les lycées ». Ce qui correspond exactement à mon vœu. Mais un encadré précise qu'il n'y a plus que 7,5 % des élèves français qui apprennent l'allemand, contre 12 % dans les années 1990, contre 17,6 % de jeunes Allemands qui apprennent le français.

Le journal a demandé, par la bouche d'Henri de Bresson, à Rudolf von Thadden, directeur de l'Institut franco-allemand : « Pourquoi avoir tant attendu ? N'aurait-on pas dû penser à un tel manuel dès le traité de l'Élysée de 1963, qui fonde les relations franco-allemandes ? » Réponse : « 1963, c'était trop tôt. Pour deux raisons : d'abord pour une question de génération. Mais aussi parce qu'il fallait une évolution du côté des historiens. »

J'appartiens à la génération sur la sellette et je n'aime pas du tout l'idée que cette histoire commune si indispensable et tellement retardée exige d'abord notre disparition. Traduisons : une meilleure possibilité d'oubli. Ce n'est pas sur l'oubli qu'on fonde un renouveau, mais sur la raison lucide. Quand nous sommes rentrés en 1945, dans notre naïveté et notre bonne foi, nous nous sommes unis dans une devise que je trouvais parfaite : « Plus jamais ça ! » *Ça* voulait tout dire, le nazisme, le fascisme, Franco, Vichy, les exécutions, les camps, les tortures. Auschwitz, du moins pour ceux qui savaient. L'existence du goulag a encore généralisé notre rejet. Si ces extensions ne changeaient rien à la monstruosité du nazisme, elles mettaient en question ce qu'on avait vu en lui comme une spécificité allemande et non seulement nazie. C'est bien pourquoi Henri de Bresson a raison de se référer au traité de l'Élysée de 1963 qui justement a clos le chapitre des affrontements franco-allemands.

Il aura donc fallu plus de quarante ans après ce traité pour que cette question essentielle vienne à la surface. Selon la formule de renoncement mise en honneur par François Mitterrand, nous nous sommes trop bornés à donner du temps au temps. Si les constructeurs de l'Europe avaient fait de même, il n'y aurait jamais eu de traité de Rome. Ni d'euro. Comme ancien de Mauthausen, plus le temps passe, plus je suis convaincu que le seul gain vraiment important dans la durée que le peuple français a retiré de la victoire de 1945, c'est précisément la construction d'une Europe autour du couple franco-allemand.

En survivant, j'ai atteint un âge où je peux me citer pour prendre date. J'écrivais il y a vingt ans en conclusion de mon essai *Ce que je sais du XX^e^ siècle* : « Un pays qui ne supporte plus son histoire ne peut plus avoir de projet éducatif parce qu'il perd son futur. Le jour où nous regarderons en face notre histoire, à savoir l'enseigner, nous prendrons tranquillement nos distances avec un passé qui ne nous obsède à ce point que parce que nous le refoulons. Le comble, c'est que l'Europe va nous y contraindre de plus en plus. Il nous faut une histoire européenne de la guerre de Cent Ans, comme de celles de Napoléon, une histoire européenne du couple franco-allemand [1]... »

J'étais trop en avance. Certes, nous avons progressé depuis. La chute du communisme y est pour beaucoup, qui a remodelé l'Europe. Or ce n'est pas le côté radieux de l'histoire française qui nous a rouvert le chemin, mais la plongée dans ses abîmes les plus noirs. Le procès Barbie et le procès Papon ont ramené au présent les déchéances de l'occupation nazie et du régime de Vichy. Reste qu'en Allemagne c'est la génération des filles et des fils qui a regardé le rôle des parents durant la Seconde Guerre mondiale. En France, c'est la génération des petits-enfants qui affronte ce travail de mémoire. Chaque nation doit l'accomplir à son propre rythme, certes. Mais l'expérience montre qu'il y faut de la volonté. L'Europe de la mémoire sera le fruit de la rencontre des volontarismes. Du volontarisme des vieux, des survivants, comme de celui de leurs enfants et petits-enfants. Ou ne sera pas.

1. Paris, Calmann-Lévy, 1985, p. 192.

## III

## *La leçon espagnole*

Mauthausen fut conçu d'emblée par les nazis après l'Anschluss pour mater et terroriser les Autrichiens. Ce projet bénéficia d'une telle publicité que, dès le 30 mars 1938 (dix-huit jours seulement après l'annexion du pays par les nazis), le *Times* de Londres rapportait que « parlant hier à Gmunden, le *Gauleiter* de Haute-Autriche Eigruber a annoncé qu'en récompense des services qu'elle a rendus à la cause du nazisme, sa province allait avoir l'honneur bien particulier d'accueillir un camp de concentration destiné aux traîtres de l'Autriche entière. Selon le *Völkischer Beobachter* [le quotidien des nazis], cette déclaration a soulevé un tel enthousiasme dans l'auditoire que le *Gauleiter* a dû interrompre quelque temps son discours [1] ».

Heydrich, chef de la sécurité de Hitler, avait classé, en janvier 1941, les camps de concentration en trois catégories. La première — Dachau, Auschwitz I — pour les détenus « susceptibles de réhabilitation » ; la

1. Repris de Gordon J. Horwitz, *Mauthausen, ville d'Autriche*, trad. fr. Paris, Éd. du Seuil, 1992, p. 53.

deuxième, Buchenwald, Auschwitz II, Struthof (en Alsace) pour ceux sur lesquels pesaient des charges plus graves, mais encore jugés « améliorables ». Mauthausen et son annexe Gusen étaient seuls alors classés dans la troisième catégorie, pour les « irrécupérables ».

En l'année 1941, à Mauthausen et Gusen, 7 058 détenus périrent, soit un taux de 58 %, alors qu'à Dachau le taux n'était que de 36 % et à Buchenwald de 19 % [1]. À ce moment-là, on y donnait systématiquement les matricules des morts aux nouveaux arrivants. Un nombre indéterminé de Tsiganes, sûrement aussi de Juifs y avaient déjà disparu sans que les plus hauts matricules ne dépassent les 5 000 [2]. Le nombre réel des morts s'en est trouvé truqué dans une forte proportion. Je serai encore témoin en 1944-1945 de la disparition au camp de détenus et de femmes et enfants, par exemple juifs hongrois, non immatriculés.

Ce fut donc par calcul délibéré que les républicains espagnols furent jetés à Mauthausen quand la défaite française de 1940 permit à la Gestapo de les rechercher jusque dans les camps de prisonniers.

1. Comme élément de comparaison, on a dénombré à Buchenwald entre le 13 juillet 1937 — soit quinze mois avant l'ouverture de Mauthausen — et le 1er janvier 1945 20 406 morts en tout. Les matricules de Mauthausen à la fin du camp se sont élevés jusqu'à 140 000, alors qu'on estime à plus du double le nombre de ceux qui y furent envoyés.

2. C'est à partir de la fin 1941 et de 1942 que furent créés les centres spéciaux d'extermination des Juifs dans les chambres à gaz des camps en Pologne, à Birkenau, Belzec, Sobibor, Treblinka, etc. Ici les chiffres de morts ont été d'une tout autre échelle que dans les camps ordinaires.

Plus de sept mille y arrivèrent avant 1941. Ils furent 9 067 au total, dont seulement deux mille rentrèrent.

Ils débarquaient dans un camp sous la coupe des pires détenus de droit commun, triangles vert ou noir, c'est-à-dire criminels de profession, qui l'avaient fondé. La masse des autres détenus politiques à triangle rouge était alors constituée de quelques antifascistes autrichiens survivant à une répression particulièrement sauvage et d'une masse imposante de Polonais, environ huit mille, officiers et sous-officiers, qui, au lieu d'être traités en prisonniers de guerre, avaient été envoyés là pour y être exterminés. Un Katyn nazi dans la durée, à peu près parallèle à l'extermination immédiate soviétique.

Du fait du Pacte germano-soviétique d'août 1939 et de l'invasion de la Pologne par l'Armée Rouge vingt jours plus tard, ces militaires polonais étaient violemment « anti-rouges » et donc particulièrement hostiles aux « rouges » espagnols que les S.S. distinguaient par un triangle bleu (aussi attribué aux rescapés des Brigades internationales) avec la lettre S *(Spanier)*. Autrement dit, les « triangle bleu » ne pouvaient compter que sur eux-mêmes. Leur travail forcé a consisté à édifier à mains nues l'essentiel de la forteresse du camp et toutes ses annexes. Une véritable ville. Ce qui en subsiste encore aujourd'hui.

Mariano Constante, un des rares survivants et mon ami, dans le plus récent de ses livres, *Le Partisan espagnol* [1], décrit le kommando où il travailla en premier

1. Paris, Éditions Tirésias, 2004.

« dans un paysage admirable sur un monticule dominant le Danube. Nous étions environ trois à quatre cents Espagnols [...]. On entreprit la construction d'une route qui devait permettre d'acheminer les matériaux, la distance était de six à sept cents mètres, avec une dénivellation de plus de cinquante mètres. Les SS étaient pressés. Il fallait monter les pierres, le ciment, le sable à dos d'homme, souvent dans la boue jusqu'aux genoux. Quatorze ou seize heures par jour, dévaler la pente en courant sous les coups de gourdin et remonter. Les changements de température étaient terribles. Quand il pleuvait, nous tombions dans la boue et les SS nous enfonçaient la figure dans cette boue... »

C'est dans ces conditions épouvantables qu'ils ont su s'accrocher à la vie dans un camp où fort peu d'entre eux comprenaient alors la langue des kapos ou des S.S. Quand j'ai su persuader, vers le milieu des années 1960, Manuel Razola et Mariano Constante de réunir leurs camarades pour établir un témoignage collectif sur l'histoire des Espagnols à Mauthausen dont est sorti le livre *Triangle bleu* [1], j'avais en tête de faire connaître, en même temps que cette préhistoire du camp dont ils étaient les survivants, ce qu'ils avaient construit en secret pour leur défense et ce que nous leur devions : l'organisation clandestine de solidarité et de résistance.

Leur apprentissage de la barbarie datait en réalité

1. *Triangle bleu. Les Républicains espagnols à Mauthausen*, Paris, Gallimard, coll. « Témoins », 1969 ; Éd. du Félin, 2001.

d'une année plus tôt, de la façon, déshonorante pour nous, dont les autorités de l'époque les avaient accueillis en France. Ils s'étaient crus, dans leur défaite en 1939, les alliés d'un pays qui venait, à peine trois ans plus tôt, de porter le Front populaire au pouvoir. Ils furent reçus, comme l'a écrit Manuel Razola, plus mal « qu'une armée ennemie ». Les baraquements des camps qu'on créa pour eux à Barcarès ou à Argelès « étaient bien pires que ceux des camps de concentration allemands [...]. Jamais dans nos tranchées en Espagne nous n'avions eu tant de poux et de puces [1] ».

C'est donc là, dans ces camps ignobles en France, que les républicains espagnols ont commencé leur résistance, leur système collectif de défense corporelle et morale, sous leur devise : *Era mejor morir de pie que vivir de rodillas*, « mieux vaut mourir debout que vivre à genoux ». Face à cette expérience, d'autant plus cruelle et humiliante qu'elle leur était parfaitement inattendue dans un pays qu'ils prenaient pour celui des droits de l'homme, ils ont trouvé les formes de cohésion qui leur permirent de tenir bon et, plus tard, de survivre à Mauthausen.

Une solidarité que je qualifierai d'absolue. Si ton copain va mal, même s'il a fait une bêtise, soutiens-le d'abord, surtout si l'on te tape dessus pour ça. Si tu as un rabiot de pain, partage-le avec l'organisation qui en donnera à ceux qui sont le plus mal en point. La première chose à faire, dans ces cas-là, c'est de

1. *Ibid.*, p. 23.

tisser un réseau de soutien. Militaires, communistes en majorité, ils en avaient l'expérience. À Mauthausen, ç'allait être plus difficile parce qu'ils arrivèrent par petits groupes échelonnés sur huit, neuf mois, débarquant de n'importe où, prisons, camps de travail, camps de prisonniers. Mais ils réussirent.

Il n'empêche que, selon les chiffres réunis aujourd'hui, 4 821 d'entre eux sont morts entre leur arrivée et la fin 1942. Les survivants des premiers arrivants se rappelaient, comme d'un événement inouï, même devenu absurde, que lors du décès du premier de leurs camarades, presque dès leur arrivée au mois d'août 1940, ils avaient observé une minute de silence... Depuis, jour après jour, ils s'étaient trouvés dans un véritable abattoir. Les convois de Juifs déchaînaient la rage des S.S., secondés par les Polonais trop souvent antisémites, à qui leur ancienneté valait déjà des postes de chef de chambrée ou de kapos, mais tout le reste du camp en subissait les conséquences. Dans leur déchaînement, les auteurs de pogroms ne font pas de différence. Les Espagnols ne pouvaient alors compter que sur eux-mêmes et sur les trop rares antifascistes autrichiens passés au travers des mailles des filets de la mort. La chambre à gaz est déjà en service.

Razola raconte : « Un jour un kommando d'Espagnols passa devant un bâtiment dont la porte venait d'être ouverte et nous avons vu les corps de quatre-vingts enfants polonais qui venaient d'être gazés. [...] nous étions environ 1 500 à descendre tous les jours dans la carrière ; les juifs venaient en queue, ils devaient attendre que nous soyons tous descendus. Ils devaient alors dégringoler les cent quatre-vingt-six marches sous les coups de manches de pioche ou de crosses de fusil et tombaient les uns sur les autres [...]. Le peu qui restait en vie était exterminé dans la journée [1]. »

Dans ce camp où la règle était l'*Erschöpfung durch Arbeit*, l'épuisement par le travail, les S.S. durent bientôt chercher un moyen de se débarrasser plus rapidement des affaiblis en nombre croissant, des malades et des blessés. Le système nazi venait de créer au château de Hartheim, à trente kilomètres, une usine de gazage pour handicapés mentaux. Ils l'annexèrent pour accélérer la liquidation de ceux qu'ils triaient par *Selektion*. Puis, leur nombre s'accroissant, ils construisirent, tout en continuant les transports à Hartheim, toujours pour accroître l'efficacité, une chambre à gaz à Mauthausen.

Face à cette organisation de la mort, il fallait inventer la survie. Dans *Triangle bleu* [2] encore, un autre Espagnol, Luis Gil, arrivé le 8 septembre 1940, raconte comment, par un dimanche froid de l'hiver 1940-1941, comme ils ne travaillaient pas, sur la petite place d'appel de l'époque à l'entrée du camp, « un groupe d'Espagnols fabriqua un ballon avec des papiers, des chiffons, des bouts de cuir et de corde [...]. C'était une partie entre Espagnols. Les Allemands et les Polonais disaient que nous étions fous, que les S.S. allaient nous tuer à coup de gour-

1. *Ibid.*, p. 55.
2. *Ibid.*, p. 56.

din, que c'était défendu. Nous, nous pensions que, défendu ou pas, il fallait que nous nous remontions le moral [...]. Ce premier match [...] constitua notre première victoire sur les S.S. [...]. Nous introduisions une organisation dans le monde du camp jusque-là soumis entièrement à leur bon plaisir [...]. Non seulement, nous brisions ainsi la peur des S.S., mais cette autre peur, plus débilitante, de se dépenser physiquement et de ne pas récupérer des fatigues du travail forcé. [...] nous savions de notre expérience que la pire fatigue est celle qui vient du laisser-aller. »

La résistance naît ainsi de l'instinct du combattant, emprunte les voies les plus inattendues. Les plus paradoxales. L'important, c'est que ses moindres réussites puissent se transmettre. Ces Espagnols ont eu à inventer une morale pour faire face à l'enfer où on les avait jetés, à un enfer infiniment pire que ce qui avait pu en transparaître avant dans le monde libre par des libérés de Dachau ou de Buchenwald.

Razola, en arrivant fin mai 1941, découvrit que ses camarades des premiers convois faisaient déjà figure de vétérans. Hommes du peuple, sachant travailler de leurs mains, beaucoup étaient alors entrés dans des kommandos spécialisés, maçonnerie, menuiserie, peinture, électricité, forge, où la mort semblait moins fréquente qu'à casser et à porter des pierres à la carrière.

La construction du camp battait son plein et participer à l'édification des hauts murs d'enceinte exigeait du métier. Tant et si bien qu'un Aragonais, Manuel, dit « El Maño », put devenir un des kapos importants de la construction de la forteresse et se faire assister par d'autres Espagnols. Au lieu de s'exténuer en se faisant tuer, mieux valait essayer de s'infiltrer dans les kommandos spécialisés, en mettant à profit son savoir-faire. Des kommandos où l'on pouvait mieux résister, jusqu'à prendre des responsabilités pour aider les copains. L'organisation sommaire de solidarité était en train de se structurer.

Ce fut un énorme pas en avant. Et qui impliquait une grande détermination morale. Je répète que ces Espagnols étaient livrés à eux-mêmes, seulement réunis d'abord par leur guerre, ensuite par les mauvais traitements français, leur livraison aux nazis. Ils avaient affaire à des groupes de criminels endurcis, sélectionnés par les S.S. pour leurs basses besognes et qui occupaient tous les postes responsables du camp. En outre, comme je l'ai dit, aux Polonais qui ne leur voulaient pas de bien et, naturellement, aux S.S. qui les haïssaient par idéologie.

En cette fin de 1941 et ce début de 1942, quand ils commencent à relever la tête, si les S.S. continuent de massacrer les Juifs, l'arrivée des convois massifs de prisonniers soviétiques leur fournit une nouvelle cible. L'ampleur des massacres sera telle que le camp appellera le camp des malades « le camp russe », tant il a été littéralement édifié sur les morts russes. Aujourd'hui, nous pouvons dire que les Espagnols ont réussi leur résistance. Il ne meurt plus que 120 Espagnols en 1943, 69 en 1944 [1]. Mais ce n'est plus le même

1. Chiffres repris de Benito Bermejo, Francisco Boix, *El fotografo de Mauthausen*, Barcelone, RBA Libros, 2002, p. 77.

camp. Mauthausen ne désignait jusque-là que la forteresse et son jumeau encore plus meurtrier dans la vallée, Gusen. Comme nous allons le voir, il va se transformer à partir de 1943 en tête d'une gigantesque pieuvre dont les tentacules aboutissant aux kommandos extérieurs, parfois véritables camps annexes, vont s'étendre sur toute l'Autriche et au-delà. C'est alors que Mauthausen proprement dit devient le « camp central » qui gère l'énorme entreprise.

Les Espagnols dans cette nouvelle période vont cesser d'être seuls. L'assassinat du proconsul nazi Heydrich à Prague provoqua l'arrivée de centaines de résistants tchécoslovaques à Mauthausen. Les Espagnols y trouvèrent un renfort de poids parce que ces alliés antifascistes étaient quasiment tous germanophones.

Toutefois, 1942 a été, dans l'ivresse de la victoire qui animait alors les S.S., une des années les plus épouvantables de Mauthausen. Dans la courbe statistique établie à partir des décès mensuels [1], les mois qui vont de novembre 1941 à avril 1942 représentent les pics les plus hauts, mais l'hiver 1942-1943 est encore implacable.

1. Courbe établie par Michel de Boüard, *Mauthausen*, édité par l'Amicale de Mauthausen, après être paru en 1954 (juillet-septembre) dans la *Revue d'histoire de la Deuxième Guerre mondiale*, n° 15-16, p. 34.

STATISTIQUE MENSUELLE DES DÉCÈS AU K. L. M.

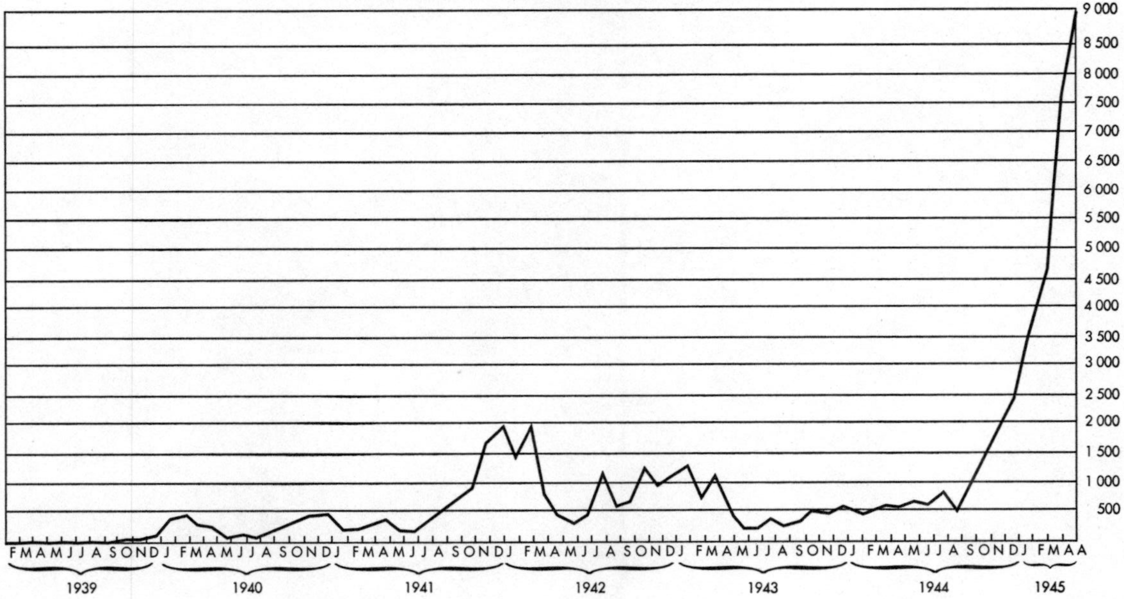


Ce graphique d'après la statistique de Michel de Boüard *(op.cit.)* est à prendre avec réserves jusqu'à l'été 1941, car c'est la période où l'on donne aux arrivants les matricules des morts. Il montre une sorte d'accalmie entre l'été 1943 et l'automne 1944 avec l'expansion des kommandos pour l'industrie de guerre. La montée vertigineuse qui suit résulte des évacuations des camps menacés par l'avance russe et des marches de la mort. Arrêté le 29 avril 1945, ce graphique ne peut tenir compte de l'anarchie finale provoquée par l'impréparation américaine à la libération et à la gestion du camp. N'y sont pas pris en compte non plus les détenus du block 20.

## IV

## *L'entrée de Mauthausen dans la machine de guerre et le « triangle bleu »*

L'échec de l'offensive nazie devant Moscou a conduit les nazis à envisager une guerre longue. Ils vont décider d'utiliser la main-d'œuvre des camps pour leur industrie d'armement. Leur bestiale *Erschöpfung durch Arbeit*, « épuisement par le travail », va devoir se marier à la nécessité de faire tourner leur machine de guerre. Dans le système des camps nazis, Mauthausen se trouve une fois de plus en première ligne pour la nouvelle orientation, comme il l'avait été pour l'extermination, parce que, géographiquement, le nord de l'Autriche se trouve hors de portée des bombardiers anglo-américains. Ceux-ci ne l'atteindront qu'en partant du nord de l'Italie, fin 1943.

Faire tourner la machine de guerre exigeait des cadres qui ne pouvaient être fournis par les droits-communs. Si, jusque-là, les politiques n'ont pu occuper des postes de survie que par leur ingéniosité dans la construction, soudain d'ordre de Berlin, les S.S. de Mauthausen vont avoir besoin de leurs compétences d'organisateur, de traducteur et de technicien. Ces S.S. vont toutefois beaucoup renâcler devant cette réorientation, non même par haine politique, mais parce que la carrière leur est source de gros profits. Berlin devra se faire de plus en plus pressant. En 1943, les annexes de Mauthausen pour l'industrie de guerre se multiplient en Autriche.

Les conséquences morales de la participation à l'encadrement du camp changèrent brusquement pour les Espagnols. Construire la forteresse était une chose, prendre part à la fabrication d'armes ou d'autres composantes de la guerre contre les Alliés, contre eux-mêmes, une tout autre. C'est alors qu'il leur fallut apprendre à poser la question dans ses véritables termes. Elle n'était pas d'entrer ou non dans la machine de guerre, les S.S. le décidaient pour eux, mais d'y être écrasés ou d'y survivre.

L'ordonnance S.S. de 1942 sur les camps dit expressément qu'« il s'agit d'obtenir la plus haute mesure de production » et que « la durée du travail ne comporte aucune limite. Elle sera établie par le commandant seul ». Il s'agissait plus que jamais donc, comme les Espagnols l'avaient compris chemin faisant, de tenter d'aiguiller leurs camarades là où les conditions mêmes du travail leur permettaient d'échapper à l'*Erschöpfung*. Il fallait vivre pour pouvoir saboter. Et c'était déjà une forme de sabotage des visées des S.S. que d'aider les antifascistes à survivre.

Ce chemin-là, on s'en doute, n'a pas été non plus pavé de roses. Ce qui a sauvé les Espagnols, puis les Tchèques, nous-mêmes ensuite, c'est que l'accroissement des revers militaires après Stalingrad n'a pas entamé la foi des S.S. en leur supériorité atavique sur nous. Il ne leur venait pas à l'idée que nous puissions nous organiser contre eux, tisser des réseaux de résistance, de sabotage et d'entraide. Ces « surhommes » étaient tellement imbus de leur toute-puissance qu'ils s'en remettaient à nous pour des décisions ou des choix importants dans la vie du camp, choix dont, pour ma part, j'ai mis du temps à comprendre qu'ils ne constituaient pas des provocations, mais se révélaient de simples fruits de leur outrecuidance.

Le plus bel exemple sans doute en est qu'au cœur de cette année 1942, où leur abattoir d'hommes fonctionne à plein dans la forteresse, les S.S. vont affecter deux Espagnols photographes de métier, Garcia et Boix, à l'*Erkennungsdienst*, au service d'identification des détenus. Ils les chargent naturellement de développer des photos des morts poussés dans les barbelés électrifiés ou vers les miradors pour que les sentinelles les abattent, celles qu'ils prennent de leur bagne en activité, de ses tortures, des spectacles qu'ils s'y donnent comme cette mascarade avant la pendaison d'un détenu. Ils n'ont pas imaginé un instant que les détenus employés vont comprendre l'importance de ces photos pour dénoncer leurs crimes. Mauthausen sera ainsi le seul camp dont nous possédions des dizaines de photos prises durant son existence par les S.S. À quoi s'ajoutent celles par Boix de sa libération et de l'interrogatoire du patron du camp, Ziereis, capturé en mai 1945.

Concevoir qu'il fallait à tout prix protéger ces négatifs, trouver le moyen de les faire sortir du camp et de les conserver en lieu sûr, a été un haut fait de la résistance des détenus [1]. C'est désormais une dette de l'histoire des camps nazis envers les Espagnols de Mauthausen.

J'ajouterai qu'il était hors de notre pouvoir, même en nous sacrifiant, d'infliger à la machine de guerre nazie des dommages sérieux. Aujourd'hui, nous savons que, malgré les centaines de milliers de tonnes de bombes déversées par les avions anglais et américains, le potentiel d'armement du Reich n'avait pas vraiment été atteint en 1945. Notamment grâce aux bunkers de toutes sortes et aux usines souterraines où sont tombés tant de déportés.

Comme le rappelle le plus récent ouvrage sur la question, *L'Incendie. L'Allemagne sous les bombes, 1940-1945* par Jörg Friedrich [2], les Alliés en étaient venus vers 1942 à concevoir le bombardement stratégique comme le moyen de « gagner toute la guerre depuis lcs airs ». Cette ambition produisit des centaines de milliers de morts, parmi lesquels un grand nombre de femmes, d'enfants, mais aussi d'esclaves des seigneurs. « De 1945 à la capitulation de l'Allemagne, les bombardements tuèrent 1 023 personnes en moyenne par jour, soit au total 130 000 personnes. »

Racontant la destruction des usines de Man et de Messerschmidt à Augsbourg, Friedrich rappelle que

1. On trouvera dans le chapitre IV du livre de Bermejo (voir ci-dessus p. 47, n. 1) tous les détails sur cette réussite et les revendications de Garcia après la mort de Boix en 1954. Ami de Boix, c'est en hommage à lui que j'ai illustré avec ces photos une édition de luxe de mon roman *La Dernière Forteresse* en 1954. À l'époque, Garcia n'a émis aucune revendication. Non plus lors de leur publication dans *Triangle bleu* en 1969.

2. Trad. de l'allemand par Isabelle Hausser, Paris, de Fallois, 2004.

« quatre cents juives déportées de Hongrie y travaillaient. Comme les prisonniers russes et les travailleurs forcés, elles n'avaient pas obtenu de place dans les abris et ont été livrées au massacre ». Ainsi le bombardement que « le groupe britannique d'extermination massive n° 55 réserva à Nordhausen causa 6 000 morts, dont 1 500 détenus des camps de concentration ».

Il arriva également que les aviateurs américains volant à plus de 7 000 mètres prissent les baraquements d'un camp — et dans ce cas de Melk, une dépendance de Mauthausen — pour une usine. Comme l'écrit Gordon J. Horwitz, « le 8 juillet 1944, des bombardiers américains attaquèrent Melk, touchant le camp de concentration et y tuant, d'après le journal du garde forestier, 300 détenus et 25 soldats [...]. Le lendemain soir, des prisonniers qui revenaient d'une corvée de travail trouvèrent en arrivant au camp des membres déchiquetés décrochés des arbres ».

Je peux le corroborer, m'étant trouvé de service quand les camions de Melk arrivèrent à Mauthausen. C'étaient des camions à benne basculante qui vinrent se ranger devant le crématoire et y déversèrent tour à tour leur benne, jetant les corps mutilés pêle-mêle en tas. Le *kommandoführer* S.S. hurlait que ce système allait rendre impossible qu'on récupère les matricules en laiton que chaque déporté portait à son poignet. Là-dessus, un troufion de la *Wehrmacht* qui escortait le convoi lui remit un gros trousseau desdits matricules passés dans un cercle de fer. Cette précaution empêcha que nous ayons à compter des morceaux de cadavres.

Nous empêchions parfois de mourir ceux que la Gestapo avait désignés, mais nous ne pouvions rien contre la mort aveugle tombée du ciel. L'expérience a cependant montré que mieux valait travailler dans une usine qu'à la carrière ou à la construction des chantiers souterrains comme à Gusen II, où la mortalité atteignait jusqu'à 10 % par mois. Et plus encore en hiver.

Les Alliés ne bombardèrent pas les voies conduisant à Mauthausen même si, à la fin de la guerre, ils détruisirent à plusieurs reprises le triage voisin d'Amstetten (mais le camp était désormais entré dans la zone des opérations). Ils ne bombardèrent pas non plus, comme on sait, en dépit des rapports de la résistance polonaise sur l'extermination, celles qui conduisaient à Auschwitz. Ils ont préféré ignorer le monde des camps d'esclaves. Cela coûtera cher à Mauthausen à la fin de la guerre.

Les Espagnols, à force de maîtriser les rouages du camp, à force de « science carcérale » comme dit Germaine Tillion, parvinrent à éviter ainsi peu à peu à leurs camarades les kommandos les plus meurtriers, comme ceux de Gusen. Le chiffre global est sans appel : 4 200 Espagnols furent tués à Gusen, contre 2 584 pour l'ensemble du camp central et des autres kommandos.

Ils ont appliqué sans faille par la suite cet « entrisme » dans la machine du camp jusqu'à pénétrer dans ses rouages les plus secrets. Même dans le saint des saints. C'est ainsi que deux Espagnols, Bailina et Climent, finirent par être gratte-papier dans l'antre le plus secret, la *Politische Abteilung*, la Gestapo du camp.

Razola écrit de Bailina dans *Triangle bleu* : « Il travaillait au fichier central des S.S. et, quand arrivaient des prisonniers signalés par la Gestapo, il nous informait du motif de l'accusation. Par lui et par Climent, nous savions qui se trouvait le plus particulièrement menacé.

» Vers la fin, quand les S.S. procédèrent à la destruction des fichiers, au péril de leur vie, Bailina et Climent parvinrent à dissimuler intégralement le fichier concernant les Espagnols [...]. Même aux moments les plus difficiles nous avions gardé la conviction que quelques-uns d'entre nous sortiraient vivants et que la liste des morts et des survivants nous serait très précieuse [1]. »

Ancienneté et, comme l'a formulé Germaine Tillion, « science carcérale ». Elle ajoute, dans le texte que j'ai déjà cité, ceci qui, à mon sens, convient particulièrement au rôle de ces Espagnols, que ces possesseurs de la « science carcérale » ont été aussi souvent « nos meilleurs témoins, les plus informés, les plus sûrs... Or ils furent nombreux à prendre des risques énormes pour protéger et informer leurs camarades. Et cela devait être dit [2] ».

J'ai confectionné *Triangle bleu* à l'aide des témoi-

1. *Triangle bleu, op. cit.*, pp. 100, 101.
2. *À la recherche du vrai..., op.cit.*, p. 189.

gnages espagnols, aussi parce que j'ai pensé que cette expérience débordait les inventions de résistance dans les camps nazis et débouchait sur les problèmes de morale qui nous ont été posés. Edgar Morin, dans l'*Éthique* qui clôt son œuvre majeure, *La Méthode*, où il s'attache à traiter de la morale qui convient à la crise des valeurs que le XXe siècle a ouverte, s'appuie sur un jugement de Pascal : « Travailler à bien penser, voilà le principe de la morale. » Il commente : « La conduite morale doit avoir connaissance des conditions objectives où elle s'exerce [1]. »

Ces remarques s'appliquent, me semble-t-il, à cette invention d'une morale pour Mauthausen dont je fais crédit à mes aînés espagnols. Esclaves sans cesse harcelés, battus, recrus de fatigue, privés de sommeil, ils sont parvenus à penser ensemble le camp, les failles du système concentrationnaire et à bien les penser. Ils étaient forts d'être passés par la même guerre, de partager, outre leur langue et leurs coutumes, un même fond d'honneur ancestral. De savoir faire bloc, bien mieux que les Français. C'est ainsi qu'ils ont été l'ancrage de la résistance.

Sans doute, en 1969, *Triangle bleu* bousculait-il par trop l'hagiographie des camps qui s'était tissée au fil du quart de siècle. Son tirage ne s'épuisa qu'en quatre années de bouche à oreille, car cette histoire n'était pas non plus du goût des appareils communistes. Cela pour une raison inhérente au système même des P.C. : les communistes mêlés à cette his-

1. Paris, Éd. du Seuil, 2004, p. 63.

toire avaient créé, avec leurs copains d'autre origine politique, une organisation, non seulement sans en avoir reçu l'ordre, mais conçue par eux-mêmes hors des sacro-saintes règles du parti.

Ce fait éclaire d'abord qu'il ait fallu attendre si longtemps pour que *Triangle bleu* voie le jour (et trente-deux ans pour sa réédition). Tout s'en est mêlé. D'abord, Staline ayant décidé qu'un prisonnier est un traître, quand les Espagnols survivants de Mauthausen, enfin, bien qu'apatrides, ont été accueillis en France, ils se sont entendu dire par les responsables de leur P.C. clandestin qu'ils auraient aussi bien fait de rester là d'où ils venaient.

Il s'y ajouta qu'à cause de la guerre froide nombre d'entre eux se sont vu taxer absurdement alors par le contre-espionnage français d'être des agents du Kominform. Toujours les *Rotspanier*, comme les appelaient les nazis. Nombre d'entre eux sont alors assignés à résidence en Corse ou contraints à s'exiler dans les démocraties populaires. Beaucoup se trouvaient sans travail fixe et sans pension. Il n'était guère question dans ces conditions qu'ils pussent se réunir et s'atteler à communiquer leur expérience si peu convenable, en somme, de Mauthausen. Les réalités de la naissance de la résistance dans un camp pareil auront finalement mis autant de temps à se frayer un chemin dans les moyens d'information que celles de l'extermination des Juifs.

## V

## *L'apport français*

Comme l'a noté l'historien Michel de Boüard dans le premier livre en France sur Mauthausen [1], publié en 1954, « les plus anciens détenus français de Mauthausen arrivèrent en 1942 avec des Belges ». Ils venaient en effet des départements du nord de la France, à l'époque déclarés « zone interdite » et rattachés à Bruxelles. Peu après l'occupation de la « zone libre » par la *Wehrmacht* au lendemain du débarquement allié en Afrique du Nord de novembre 1942, arriva un convoi d'évacués du Vieux Port de Marseille. Il semble avoir été composé par le *Lumpenproletariat* du lieu, voyous et crapules diverses qui se conduisirent comme tels et renforcèrent dans le camp le mépris assez général pour les Français que nous valait la défaite de 1940. L'on me rebattra encore les oreilles de leur manque de tenue en 1944.

Nous avions, faut-il dire, tout pour plaire. La France s'était tue devant l'Anschluss, qui livrait l'Autriche à Hitler, avant de signer les accords de Munich qui plongeaient Prague dans l'esclavage. Que pou-

1. M. de Boüard, *Mauthausen*, *op. cit.*, p. 21.

vions-nous dire aux républicains espagnols ? Vue de Mauthausen, l'Europe contenait quatre gouvernements de collaborateurs des nazis, Ante Pavelitch en Croatie, Mgr Tiso en Slovaquie, Kisling en Norvège et Pétain à Vichy. La France s'y trouvait donc, le moins qu'on puisse dire, dans de beaux draps, de Gaulle à Londres étant vu comme quelqu'un d'extérieur. Même si des convois importants de résistants français étaient déjà arrivés courant 1943, ils n'avaient pas suffi à faire pencher la balance. Seulement un très petit nombre, d'ailleurs, avaient pu rester au camp central, ce qui prouvait le peu de considération dont nous jouissions alors.

Ma curiosité m'avait poussé, dès le premier jour de quarantaine, à aller au bord de l'enceinte de barbelés du block qui donnait sur une allée où pouvaient circuler des détenus employés au camp central. C'est là que, le deuxième jour, j'ai parlé avec un vieux triangle rouge avec un F, genre loup de mer, qui, apprenant mon nom, m'a dit : « J'ai pris ta place dans la cellule que tu occupais au Dépôt avant d'être transféré à la Santé allemande. On m'a dit que tu étais tombé dans une affaire de terroristes. J'ai bien cru que tu y passerais. » J'étais très inquiet que Rabaté, c'était son nom, en parle aussi ouvertement, parce que si je survivais c'était pour l'avoir toujours nié. Je ne savais pas encore que « terroriste » allait être mon passeport dans le camp, puisque ce mot signifiait que j'avais fait la guerre aux nazis. Les Espagnols m'ont accueilli par la suite à bras ouverts.

La quarantaine à cause de la diphtérie, ma propre

maladie ont fait que l'organisation clandestine n'a pu m'intégrer qu'au début de juin. J'ai été tout de suite jeté dans le bain parce que mon double travail d'interprète à l'*Aufnahmekommando*, le kommando d'accueil des arrivants et d'aide-secrétaire de block, me permettait d'aller et venir dans le camp central. Je suis ainsi devenu un détenu au courant des informations sur nous-mêmes que les S.S. s'efforçaient de garder secrètes. Leur système, comme déjà à Royal-Lieu, utilisait à plein l'ignorance des prisonniers sur le sort qui leur était promis.

Les secrets étaient d'autant mieux gardés que la situation militaire du Reich ne cessait plus de se dégrader. Le débarquement allié du 6 juin m'a davantage mis en avant parce que les nouvelles nous venaient par un poste de radio clandestin. Des Espagnols l'avaient fabriqué pièce après pièce et écoutaient la radio libre la plus proche, celle de la Suisse alémanique. De là une transmission pour le moins loufoque des noms géographiques. Il fallait deviner que *cahenne* voulait dire Caen, *Baïéouxe*, Bayeux. Mais, bientôt, j'ai dû me rendre à l'évidence, les Alliés n'avançaient pas. Ah ! l'interminable bataille de *Caoutanncesse*, Coutances !

J'ai passé un mois de juin et aussi de juillet en butte aux sarcasmes sur la résistance française. Un bluff. Nous étions vraiment un pays de pourris, de dégénérés. La preuve, les Anglais et les Américains ne parvenaient pas à percer. Nous ne valions pas mieux que les froussards de mai 1940...

Ce qui nous a soulagés en détournant l'attention,

ce fut l'attentat du 20 juillet contre Hitler. Mauthausen y retrouva sa fonction d'abattoir. L'*Aufnahmekommando* était appelé en pleine nuit à la Tour, c'est ainsi qu'on nommait l'entrée du camp. Nous nous trouvions devant du beau monde, militaires et civils, jusque parfois des femmes du monde, mais dans quel état ! Grades déchirés, col, cravate arrachés comme les épaulettes des robes du soir. Bleus et plaies ouvertes sur la figure, le cou. Nous restions plantés, immobiles devant ces nantis du régime soudain voués au pire. Puis Bachmayer, l'*Obersturmführer* S.S. patron du camp central, sifflait les dobermans dressés à nous raccompagner à nos blocks. Malheur à qui tombait sur les pierres disjointes. Les arrivants, sans être immatriculés, disparaissaient dans le *Bunker*, la prison du camp. Les *Prominente*, les détenus privilégiés installés au block 2, les Espagnols du block 6, plus proches du parcours d'arrivée de ces malheureux et du *Bunker*, racontèrent qu'ils avaient entendu, plusieurs nuits de suite, des hurlements de femmes. Ces événements tragiques pleins de mystère détournèrent les parlotes du camp de l'immobilité du front de Normandie.

J'avais un peu appris l'espagnol avec des républicains dans les prisons de Vichy. J'ai fait des progrès au block 13 dont la chambre B était gérée par un *Blockfriseur* (le coiffeur du block, troisième dans la hiérarchie des détenus après le chef et le secrétaire), le Madrilène Manuel Azaustre avec, comme chef de chambrée, le Catalan Fernando Lavin, qui allait devenir un ami très proche. On m'affecta là parce que c'était le block de la *Strafekompanie*, la compagnie disciplinaire, et pour aider les politiques qui y étaient condamnés.

Jusqu'à ce moment, si mon affectation avait été décidée par l'organisation internationale de résistance, comme celle-ci travaillait dans le plus grand secret, je ne savais rien d'elle. C'est alors que je reçus la responsabilité d'être l'agent de liaison d'Octave Rabaté, qui n'était autre que le représentant français de cette organisation. Je découvris en même temps son existence et le rôle que venait d'y jouer l'arrivée des grands convois de Français de mars et d'avril.

D'abord, ils avaient apporté au camp des nouvelles fraîches sur la situation de la guerre, puisqu'à Compiègne les visites de certaines familles étaient permises. Le plus important pour la suite fut que notre convoi comportait des personnalités de premier plan, tant communistes, avec notamment Auguste Havez, secrétaire du groupe parlementaire, que de la Résistance. C'est ainsi que le camp apprit l'existence en France d'un Conseil national de la résistance — il y avait parmi nous des hommes qui avaient travaillé avec Jean Moulin —, c'est-à-dire d'une direction réunissant tous les mouvements de résistance, des communistes aux conservateurs. Au surplus, faisait partie de ce convoi André Ullmann, camouflé sous le faux nom de Pichon que la police n'avait pu percer. Il avait fondé avec François Mitterrand le M.N.P.G.D., le Mouvement national des prisonniers de guerre et déportés. Il transmit les directives adoptées sur la conduite que devaient tenir les déportés résistants dans les camps. Elles rejoignaient entièrement les initiatives que les Espagnols avaient déjà prises sur le terrain.

Au même moment était arrivé Artur London, que les nazis avaient d'abord fait passer par l'abominable camp de dressage, dit de représailles, de Sarrebrück. Tchécoslovaque, passé à Moscou en 1935 par la K.I.M., l'Internationale des jeunes, puis volontaire en Espagne, il connaissait ainsi nombre de ceux qui avaient constitué la résistance dans le camp, aussi bien les Autrichiens que ses compatriotes et les Espagnols. Organisateur de la résistance des travailleurs immigrés en France, avec la M.O.I. (Main-d'œuvre immigrée), il avait été le fondateur du T.A., Travail anti-allemand, qui avait pour but, avec des germanophones, de démoraliser les occupants nazis et d'essayer de pénétrer leur système de répression. Grâce au respect qu'il inspirait à tous les vieux communistes, il aida à détruire les préjugés contre la résistance française, si bien que le nouveau kommando créé à Melk, en majorité français, reçut comme *Lagerschreiber*, secrétaire du camp, André Ullmann.

J'avais rencontré London à la prison de Blois. Je lui ai succédé comme aide-secrétaire au block 13 parce qu'un des Polonais du camp s'était étonné publiquement de son nom, London, y détectant avec son antisémitisme une consonance juive, ce qui avait échappé à la Gestapo. Il ne restait plus à l'organisation qu'à planquer London au fin fond des nouveaux blocks de quarantaine à l'autre extrémité du camp où il devenait pratiquement invisible, sauf pour les émissaires du comité de résistance.

Comme London l'a raconté en détail dans *Triangle bleu*, si, jusque-là, existaient dans le camp des groupes de résistance, ils restaient nationaux, par suite du refus des communistes allemands — et principalement de Franz Dalhem qui appartenait au Komintern — de partager leurs responsabilités et leur solidarité avec des camarades d'autres nations. Ils jugeaient que devait passer avant tout leur devoir du *Kader schützen*, de la protection des cadres, donc d'eux-mêmes pour le futur. De sorte qu'à ce moment-là n'existait aucune organisation internationale structurée, même s'il s'était noué des contacts entre Espagnols et Français grâce à Rabaté, que le Profintern [1], l'internationale des syndicats, avait jadis envoyé en Amérique du Sud où il avait appris l'espagnol. Les politiques venaient seulement, fin 1943, de conquérir de haute lutte le poste clé du secrétariat du camp avec le Tchèque Kunes Pany, l'Autrichien Hans Maršalek et l'Espagnol Juan de Diego.

London avait tout de suite été repéré par Leo Gabler, le principal dirigeant autrichien avec qui il avait été très lié dans sa jeunesse. L'accord se fit sur une direction clandestine à quatre sous la présidence de Gabler, assisté par deux autres Autrichiens, Josef Kohl et Maršalek, et par London. Comme on voit,

1. Ce fut peut-être à cause de son exemplarité de la « troisième catégorie » des camps nazis que Mauthausen reçut autant de hauts responsables communistes. Ils étaient le plus souvent NN, *Nacht und Nebel*, « nuit et brouillard », catégorie destinée à disparaître.

n'y participait aucun Allemand à la suite de leur refus. Elle fut bientôt bouleversée parce que Gabler, inopinément transféré à Vienne pour y être jugé, fut exécuté, et que London, au surplus malade, dut être, comme je l'ai dit, exilé en quarantaine. Razola fut choisi pour remplacer Gabler, le Tchèque Hoffmann y entrant alors avec le Français Rabaté.

London avait su faire prévaloir, à nouveau contre Dalhem et les Allemands, que les organisations nationales de résistance devaient être, sur le modèle de la Résistance française, dirigées par des résistants de toutes opinions. C'est ainsi que je transmettais les noms des nouveaux arrivants que j'avais repérés comme résistants à une commission composée de Michel de Boüard, Front national, Saint-Gast, gaulliste, Souchère, de l'O.C.M. (Organisation civile et militaire), organisation conservatrice.

La direction internationale avait également mis au point un plan secret pour organiser un appareil militaire avec les déportés ayant l'expérience nécessaire. Cela impliquait de s'emparer d'armes ou de les reconstituer pièce par pièce grâce aux déportés travaillant dans les ateliers d'armement, de détecter les spécialistes aguerris. Il fallait, en effet, pouvoir parer à toute provocation des S.S. Les armées alliées qui s'approchaient des frontières du Reich et de Vienne rendaient sa mise en œuvre pressante.

C'est seulement au début d'août que les nouvelles du front des Alliés en Normandie commencèrent de faire croire le camp à la libération de la France. À la mi-août circulèrent en même temps, déchaînant l'enthousiasme, l'annonce du débarquement des Alliés en Provence et celle de la libération de Paris par une insurrection. Du statut de vaincus portant la honte de Vichy nous sommes passés à celui de pionniers des vainqueurs. Première nation d'Europe à être libérée, et même à s'être libérée croyait-on. Les F triangles rouges en furent d'autant mieux considérés qu'au même moment l'insurrection de Varsovie était écrasée, avec la ville elle-même, par les nazis, l'Armée Rouge arrivée sur la Vistule laissant le désastre s'accomplir sans bouger une botte.

J'étais bien le seul à m'angoisser parce que rien ne se passait à Paris. J'ai compris par la suite qu'à cause d'une interprétation erronée du soulèvement de la police parisienne le camp avait libéré Paris huit jours trop tôt, mais enfin la nouvelle nous parvint que le général de Gaulle avait défilé sur les Champs-Élysées. Toutes les craintes furent balayées, la France n'était plus celle de Vichy, mais celle de Valmy et la première à se sortir des griffes nazies.

Il devint bien plus facile de placer des Français à des postes de responsabilité. Ainsi Saint-Gast travailla à l'*Arbeitseinsatz*, le kommando chargé de répartir les postes de travail, le docteur Fichez au *Revier* (l'infirmerie) du camp. Le prix à payer fut que nous étions désormais coupés de la France.

L'arrivée des premiers convois d'Italiens avec, parmi eux, des combattants des maquis contribua à changer la géographie politique du camp en renforçant une présence latine qui se renouait avec celle des survivants de la guerre d'Espagne. Pour la première fois, les Espagnols voyaient leur avenir s'éclaircir s'ils se sortaient vivants de Mauthausen.

Je ne voulais surtout pas jouer les rabat-joie, mais, devenu préposé aux nouvelles depuis le débarquement de juin, celles-ci me paraissaient moins bonnes que le camp ne s'était mis à le croire. J'ai commencé à me faire à l'idée que, si la France était, sauf quelques poches, libérée, le Rhin restait hors de portée. Il ne serait atteint que courant novembre. Les nazis résistaient mieux que prévu et, en Allemagne, ils s'accrocheraient encore davantage. J'ai donc transmis à Rabaté qu'il fallait prévoir que nous aurions encore à passer un hiver dans le camp. J'ai bien fait parce que le pire nous attendait à la fin de décembre quand la contre-offensive nazie dans les Ardennes fit rouvrir aux S.S. le réseau des haut-parleurs dans la forteresse pour nous seriner à longueur de journée leurs succès. La veille de Noël, leur speaker annonça même que la voie de Bruxelles était désormais ouverte à leurs blindés. Puis leur radio se tut. La nôtre nous apprit que les Alliés avaient repris l'offensive et progressaient sur le front du Rhin. À mille kilomètres de nous.

## VI

## *L'hiver de trop.*
## *Survivre à Auschwitz*

Si l'été à Mauthausen était continental et brûlant, l'hiver s'y révéla d'une rigueur que notre arrivée à la fin de mars nous avait épargnée en 1944. Les déportés qu'on nous annonça comme évacués d'Auschwitz arrivèrent dans les derniers jours de janvier 1945 par un blizzard comme je n'en imaginais pas. Au premier moment, cette évacuation parut une bonne nouvelle, signifiant que les Soviétiques avaient atteint la Silésie. Auschwitz, en dehors de sa localisation, ne signifiait jusque-là rien de spécial pour nous, sauf que les détenus qui en venaient portaient sur l'avant-bras gauche leur matricule tatoué.

Le nom évoquait aussi une destination de convois envoyés de Mauthausen encore dans l'automne, mais nous craignions qu'ils n'eussent été en réalité que le camouflage de liquidations massives. Les S.S. pratiquaient systématiquement le maquillage des destinations comme du vocabulaire, allant jusqu'à appeler *Erholungsort*, « lieu de rétablissement », l'abattoir par gazage du château de Hartheim, afin que leurs victimes même moribondes, trompées sur ce qui les attendait, allassent d'elles-mêmes à la mort. Mais, à ce brouillage voulu par les S.S. se sont ajoutées, pour Auschwitz, d'autres sources d'incompréhension dont nous n'avions évidemment aucune possibilité d'en faire la critique à Mauthausen en ce cœur de l'hiver 1945.

D'abord chez les libérateurs soviétiques. On sait depuis peu, par la publication des mémoires du général Petrenko, *Avant et après Auschwitz* [1], que l'Armée Rouge n'a jamais reçu l'ordre de libérer le camp qui ne figurait sur les objectifs de combat qu'au titre de « nœud ferroviaire et de point de défense allemand ». Le but, en s'en emparant, était de pouvoir prendre intacte la région charbonnière de Dabrowa en Silésie. « La libération des prisonniers du camp d'Auschwitz, ajoute le général après les recherches qu'il a conduites en sa vieillesse, n'apparaît ni dans le plan de l'opération, ni dans le plan de cautionnement idéologique élaboré. »

C'est seulement trente-six ans plus tard, quand le général a participé en 1981 à Washington à une conférence sur la libération des camps nazis, qu'il va découvrir le pot aux roses. Jusque-là, il a très bonne conscience. Ses hommes ont libéré des milliers de détenus du camp, ceux que les nazis n'avaient pu envoyer sur les routes. Une question américaine le met hors de lui : « Comment ? Vous osez insinuer que nous avons laissé expressément mourir les prisonniers du camp ? Mais vous insultez la mémoire de mes

1. Vasilij Akovlevic Petrenko, *Avant et après Auschwitz*, trad. du russe par François-Xavier Nérard, Paris, Flammarion, 2002.

hommes tombés pour libérer Auschwitz ! » Pour libérer Auschwitz... Il s'arrête. Son propre discours lui révèle une béance dans son savoir. Ses hommes ont bien libéré Auschwitz, mais *en passant*. Pas comme objectif désigné. Alors surgit en lui une question lancinante : et si ce fut sans ordre, pourquoi ?

Son livre ne peut apporter d'autre réponse que celle-ci : l'article de Boris Polevoï qui relate le fait d'armes : « Une usine de mort à Auschwitz » (*Pravda* du 31 janvier 1945), ne donne aucune précision sur l'origine juive de la plupart des victimes. Les deux historiens Ilya Altman et Claude Ingerflom qui présentent le livre du général soulignent qu'expliquer ces travestissements par l'antisémitisme de Staline est trop simplificateur : « On retrouve la même subordination du sort des Juifs à la volonté de gagner la guerre chez les Alliés. »

Il faut préciser qu'aucun Juif désigné comme tel par son matricule n'avait jusque-là survécu à Mauthausen. Donc, il n'y avait plus de problème lié à l'existence de Juifs dans le camp. Cela se retrouve dans le fait que, parmi ceux qui ont écrit sur Mauthausen, je suis un des seuls à revenir sur le choc produit sur nous par l'arrivée du convoi d'Auschwitz. Cela depuis le récit que j'en ai fait dans mon roman *La Dernière Forteresse* paru en 1950. Pourtant, le camp fut mis sens dessus dessous, par leur nombre, près de 4 000 entrants sur 9 000 évacués. Des centaines de morts entre la gare et le camp. Certes, cette arrivée m'a frappé davantage parce qu'à cause de mon travail à l'*Aufnahme* et de son ampleur j'étais en première ligne : vingt-six heures ininterrompues. Tout y fut d'exception.

D'abord, nous nous sommes trouvés en face de *Prominente* droits-communs qui arboraient un luxe ostentatoire de bijoux et de vêtements inconnu chez les nôtres. Ils se pavanaient, entourés de leurs mignons harnachés avec bottes et vêtements de cuir souple de haute qualité à leur taille. Mieux, ces privilégiés émirent la prétention d'échapper à l'*Aufnahme*. Nos propres *Prominente* droits-communs, sentant le danger pour la conservation de leur rang, y mirent bon ordre en les rossant, les dépouillant au passage avec la complicité de nos S.S.

Nous étions déjà partis à nos postes de travail. Les premières heures, nous eûmes affaire à des détenus auxquels nous étions habitués, triangles rouges des nations occupées, quelques verts. Nous tentions d'aller au plus vite parce que nous savions que le reste de l'énorme convoi attendait dehors dans le blizzard. (Nous ignorions encore qu'au cours de leur long transport la moitié du convoi était morte de froid dans des wagons découverts.)

Je savais un des meilleurs amis de ma jeunesse, Olivier Souef, déporté en juillet 1942 à Auschwitz. Je suis tombé sur un rescapé français de ce convoi qui m'a dit qu'il en restait seulement une dizaine. Tous les autres, surtout les jeunes, étaient morts l'hiver même de leur arrivée.

C'est seulement au cœur de la nuit, presque vingt heures plus tard, qu'arrivèrent les premiers Juifs relégués en dernier. Ils se montrèrent surpris que nous ne leur demandions que leur nationalité. Je les voyais comme tous les précédents trempés de neige, hagards, pareils à ceux qui les avaient précédés et je ne comprenais pas. Je n'avais jamais eu à faire une *Aufnahme* de Juifs, et pour cause. Je leur répondis que ce n'était pas mon problème. Les fiches portaient date et lieu de naissance, adresse, profession... Il m'échut d'interroger tout un groupe de solides jeunes hommes qui venaient de Salonique et ne parlaient que ladino, l'espagnol du temps de Cervantès conservé par les Juifs chassés d'Espagne. À la fin, je suis tombé sur un groupe de Juifs français. Répondre à : « adresse ? » les démontait. C'est alors que j'ai peu à peu compris qu'ils avaient perdu tous les leurs. Nous étions déportés en tant qu'individus, eux l'avaient été par familles entières.

Nous sommes sortis de l'épreuve épuisés. Atteints dans nos repères mêmes, mais trop fatigués pour penser. Le ravitaillement du camp n'était pas encore, en cette fin de janvier, devenu tout à fait infect. Je suis donc parti le lendemain dans la deuxième quarantaine pour porter du pain de la solidarité en cachette aux Français que j'avais repérés. Ils avaient reçu des matricules normaux, des 130 000, sans étoile jaune, et cette absence les inquiétait. Ils redoutaient une erreur. Je leur disais : « Profitez-en et fermez-la. Vous allez être envoyés à la carrière ou dans des déblaiements après bombardement. Faites-vous oublier. »

Je n'arrivais pas à les sortir de leur prostration. C'est alors que j'ai pris la mesure de la « sélection » à leur arrivée à Auschwitz dans leur famillle. Vieux, femmes, jeunes filles, enfants, tous ceux qui semblaient faibles étaient dirigés directement aux chambres à gaz. Je le percevais en partie parce que, durant mon séjour au camp des malades, j'avais échappé à deux « sélections ». Les S.S. nous avaient sortis des lits et alignés pour un examen sommaire et gare à qui défaillait. Je me souviens qu'à la première, cassé par une pleurite que j'avais attrapée au camp des malades, je faisais des efforts désespérés pour me tenir droit. Mes deux voisins y sont partis. Ils allaient y être gazés mais, en les incitant à monter dans un car pour Hartheim, on leur faisait croire qu'ils se rendaient en un lieu de convalescence.

J'ai deviné plus que mesuré l'extermination que ces Juifs avaient subie. Elle était pire que tout ce que nous avions connu et que nous pouvions imaginer. J'ai raconté dans *Tout mon temps* comment je n'ai pas pu, sur le moment, en convaincre mes copains de camp, mais aussi comment les survivants juifs ne voulaient pas alors marquer leur différence et s'enfonçaient le plus souvent, même devant nous, dans le mutisme.

Je mets aujourd'hui l'accent sur une telle incompréhension parce qu'il a fallu très longtemps pour qu'elle commence à être surmontée. Personne en 1945 ne parlait de l'Holocauste. Ni même ne se le figurait. Au bout du compte, la singularité des rescapés d'Auschwitz [1] fut à Mauthausen perçue seule-

1. L'emploi de ce nom global révèle notre ignorance. L'évacuation avait porté sur les trois camps d'Auschwitz, Auschwitz I et III comparables à Mauthausen et Auschwitz II, Birkenau, le camp de l'extermination des

ment par les détenus du camp central, et encore seulement de ceux qui y travaillaient comme moi dans des postes administratifs. Or les détenus du camp central ne représentaient qu'une minorité, entre trois et quatre mille détenus. Un rien par rapport à tous les camps annexes de la pieuvre. Ceux qui ont cru pouvoir faire l'histoire des camps en collationnant simplement les témoignages des survivants pris au hasard n'ont pu atteindre que la vie quotidienne. Dans le monde concentrationnaire, ce sont les exceptions (et d'abord celle de ceux qui ont survécu) qui permettent de saisir la règle.

---

Juifs. Je n'ai vraiment compris cette situation qu'en parlant avec des rescapés après la Libération. C'est ce qui m'a permis en 1948, après le Congrès pour la paix de Wroclaw, comme je l'ai également raconté dans *Tout mon temps*, de faire visiter à Picasso, Éluard, Vercors et aux autres participants, outre Auschwitz I devenu musée, Birkenau, que les organisateurs polonais du circuit n'avaient pas mis au programme.

## VII

## *L'évasion collective du block 20 et l'Europe au camp*

Quelques jours après l'arrivée du convoi d'Auschwitz, Mauthausen a été secoué par un autre événement inouï, demeuré tel dans la longue histoire des camps nazis. La nuit du 2 février 1945, j'ai été réveillé par des tirs très proches de mitrailleuse. Gordon J. Horwitz a raconté que cette nuit-là « 495 officiers soviétiques exactement, condamnés à la mort lente par ordre spécial, s'échappèrent en pleine nuit, se dispersèrent aux alentours et cherchèrent refuge un peu partout, allant droit aux portes et aux fenêtres des maisons. Certains y entrèrent tranquillement et tirèrent les habitants de leur sommeil [1] ». Là encore, je me suis trouvé aux premières loges parce que le block 10 se trouvait à la lisière nord du camp, séparé seulement par le block 15 du block 20.

Ces évadés étaient les survivants d'un groupe, dix fois plus nombreux à l'origine, d'officiers soviétiques prisonniers ayant manifesté leur résistance aux pressions de tous ordres exercées sur eux et qu'un ordre secret du général en chef Keitel condamnait à l'élimi-

1. G. J. Horwitz, *Mauthausen, ville d'Autriche*, *op. cit.*, p. 195.

nation physique par la faim et les brutalités continues. Pendant mon séjour en quarantaine au block 19, la nuit nous entendions des cris affreux, sans comprendre, le block 20 étant isolé du camp par de hauts murs. On estime aujourd'hui que, durant l'hiver 1944-1945, ces torturés moururent au rythme de vingt ou trente par jour. Alors qu'au camp on parlait du *Bunker*, de la chambre à gaz, des « sélections », le block 20 restait enfermé dans le plus épais secret.

On a établi depuis qu'il restait 570 détenus au block 20 la nuit de l'évasion, mais quelques dizaines des plus affaiblis restèrent à attendre la mort. Les autres commencèrent par liquider l'état-major des droits-communs, leurs tortionnaires, puis partirent à l'assaut du mirador le plus proche en ayant jeté des couvertures mouillées sur les barbelés électrifiés pour y provoquer des courts-circuits. Ils attaquèrent le mirador en se servant des extincteurs du block puis, l'ayant pris, se servirent de la mitrailleuse pour neutraliser l'autre mirador du secteur.

Selon un témoignage manuscrit exploité par Gordon J. Horwitz [1], « les détenus qui allèrent au travail le lendemain virent cette zone transformée en champ de bataille. Des morts gisaient dans les champs sur toute la pente qui descendait vers la forêt. Ils n'avaient plus que la peau et les os. On peut dire que, s'ils étaient allés plus loin, ils n'auraient pas pu supporter l'épreuve ».

Le chef d'une gendarmerie proche a noté qu'ils

1. Peter Kammerstätter, Linz, 1971.

étaient « persuadés que la population civile autrichienne, laquelle était supposée ne plus vouloir du système hitlérien, leur apporterait son aide pour aller plus loin ». Ce qui correspondait à leur endoctrinement communiste.

De fait, un nombre d'habitants remarquablement élevé, étant donné que le régime nazi était encore intact, eut l'audace de cacher des évadés, mais la majorité se livra à la chasse aux fuyards, ramenant fièrement les dépouilles à la Tour du camp. J'ai raconté dans *Tout mon temps* l'ivresse de fureur des S.S. qui craignaient évidemment, à cause de l'évasion, des représailles contre eux-mêmes venues de haut lieu [1], mais également ce qu'il advint des quelques évadés qui réussirent. Je crois que c'est resté assez peu connu pour que je me cite à nouveau. Voici donc mon texte de 2001 : « Des témoignages venus des rares survivants eux-mêmes ont permis à Christian Bernadac, il y a vingt ans, dans son livre *Les 186 Marches. Mauthausen* [2], de reconstituer que les survivants du block 20 sont ressortis de l'anonymat qu'ils avaient observé depuis 1945 à la suite d'un appel lancé à la radio de Moscou par un écrivain russe, ancien déporté luimême, Sergueï Smirnov. » Mais cela seulement en 1958. Treize ans après.

« Ce retard n'a pas attiré l'attention de Bernadac, or il éclaire tout. Quand, en 1955, des Soviétiques de

1. Selon Maršalek, *Die Geschichte des Konzentrationslagers Mauthausen, Dokumentation* (Vienne, 1980), les S.S. se vantèrent d'avoir repris tous les évadés, sauf une quinzaine.
2. Paris, France-Empire, 1974.

Mauthausen réapparurent pour la première fois à Paris, à l'Amicale des anciens déportés, ce fut comme s'ils rentraient de vacances, sans nous dire qu'on venait tout juste de les libérer du goulag. Nous n'en suspections rien, attribuant leur voyage chez nous à la détente internationale provoquée par Khrouchtchev qui venait de sceller une réconciliation avec Tito. J'ai demandé à ceux que j'ai rencontrés s'ils connaissaient des survivants du block 20. Aucune réponse. Tous, selon eux, avaient sans doute été tués. »

1958 est précisément l'année où, après la défaite du groupe anti-Khrouchtchev de Molotov et d'autres, la réinsertion d'anciens du goulag, par exemple Soljenitsyne, dans la société soviétique commença effectivement, mais sans que rien n'en filtre déjà au-dehors. Toutefois, cette atteinte au système stalinien explique sans nul doute l'appel lancé alors par Smirnov aux anciens du block 20 pour qu'ils sortent enfin de leur anonymat.

Traduisons : Smirnov savait qu'ils s'étaient tus *et en connaissance de cause* jusque-là, n'ayant aucune envie d'être envoyés dans un autre trou au fin fond du goulag. Six ou sept survivants lui répondirent. Tous officiers jadis, ils étaient rentrés dans la vie courante. L'un contremaître dans une usine de Novotcherkask, un autre employé dans une entreprise de construction à Poltava, un troisième simple kolkhozien dans le district de Smolensk, un dernier ouvrier électricien dans une mine du Donbass.

Il fallut en fait le bouleversement idéologique produit par la publication officielle d'*Une journée d'Ivan*

*Denissovitch* de Soljenitsyne fin 1962 (dont l'un des héros est un ancien de Buchenwald) pour que l'histoire du block 20 puisse devenir enfin publique en U.R.S.S., avec les témoignages de Smirnov et des autres rescapés. Ces héros survivants avaient été suffisamment perspicaces — et informés de ce qui les attendrait — pour rentrer chez eux pas même en officiers, mais en simples troufions démobilisés, sans souffler mot de leur vaillance en captivité.

Ce comportement, cette survie en bas de l'échelle montre mieux que tout, avec leur courage, leur haut niveau d'information sur le régime soviétique. Mais aussi combien il reste en 2005 de sources inexploitées. Il faudrait que des slavisants recherchent ce qu'a laissé Smirnov, donnent consistance à sa propre stature d'écrivain et entreprennent de retrouver les témoignages des rescapés du block 20 après leur résurrection. Cela appartient aussi à l'histoire de Mauthausen.

L'évasion du block 20 eut les plus fortes conséquences sur notre organisation clandestine et sur tous les résistants du camp central. Elle nous remonta le moral et souligna l'importance que devaient prendre les groupes armés. Elle contribua enfin à vraiment intégrer les Russes dans la société du camp. Jusque-là, le comportement général des prisonniers de guerre et des civils soviétiques nous déconcertait. Nous percevions, certes, leur démoralisation, aussi les règlements de comptes entre eux, mais, comme aux autres communistes, les causes m'en échappaient alors, trop violemment contradictoires avec l'image que nous

nous faisions de l'U.R.S.S. et de l'Armée Rouge. Face à la clandestinité rigoureuse que nous devions observer dans notre résistance, ces Soviétiques nous paraissaient peu fiables, bien trop occupés à se disputer, à chaparder, à se voler entre eux. Le block 20 nous révéla des officiers de l'Armée Rouge comme nous voulions qu'il y en eût.

Ce fut corroboré, l'Armée Rouge approchant, par l'arrivée d'officiers fraîchement faits prisonniers. C'est alors que la résistance organisée devint enfin véritablement internationale. Au début de mars 1945, la direction clandestine fut profondément remaniée. La présidence en fut confiée, comme il était logique, à un communiste autrichien, Heinrich Dürmayer, ancien d'Espagne qui, ayant été *Lagerälteste*, chef détenu du camp III d'Auschwitz, connaissait tous les rouages de l'ordre S.S. Y entrèrent le socialiste polonais Cyrankiewicz, lui aussi arrivé d'Auschwitz et qui allait bientôt devenir Premier ministre en Pologne, en même temps qu'un chef de partisans italiens, Giuliano Pajetta, et le général major soviétique Pirogov.

## VIII

## *L'Apocalypse au jour le jour*

Mauthausen vit refluer sur le camp central les kommandos extérieurs menacés par l'avance soviétique, notamment ceux de Vienne et aussi des déportés d'autres camps de l'est et du centre de l'Allemagne. Beaucoup arrivaient épuisés après de véritables marches de la mort. La mort devint à chaque heure et partout présente, y compris dans le camp central. C'est alors que débarquèrent chez nous six cents femmes venues de Ravensbrück, puis un convoi d'égale importance d'hommes de Sachsenhausen, deux camps de la région de Berlin. Nous lisions par ces évacuations la détérioration de la situation militaire des nazis. Tiendrions-nous assez longtemps pour voir leur défaite ? Rien n'était moins sûr.

Jusque-là les femmes arrivées à Mauthausen y avaient été éliminées. Celles de Ravensbrück furent rasées de partout sur le corps comme les hommes, ce qui semblait signifier qu'elles entraient bel et bien dans le camp. De fait, elles furent placées dans les blocks de la première quarantaine, celle qui était incluse dans le camp central. Il y avait parmi elles une majorité de politiques françaises de tous bords.

Elles me connaissaient toutes depuis leur *Aufnahme*. Mes fonctions me permettaient d'entrer dans cette quarantaine. Je leur ai donc apporté le pain de la solidarité, les nouvelles (aussi les noms des hommes présents, ce qui permit des retrouvailles). Nous restions inquiets car elles formaient un camp dans le camp.

La peur pour leur sort remonta quand les S.S. décidèrent, les jugeant en surnombre, de « liquider » la plus grande partie du convoi des évacués de Sachsenhausen. Ils firent mettre à nu, par une nuit de gel intense le 16 février, plus de cinq cents détenus dans la cour des arrivants derrière la lingerie et les arrosèrent avec les lances des pompiers jusqu'à ce qu'il n'en reste plus un seul debout. Ils finirent le massacre à la hache.

Nous pataugions dans la glace ensanglantée le lendemain matin pour nous rendre à la salle de l'*Aufnahme*. Jusque-là, les détenus du camp central gardaient l'espoir qu'il leur serait peut-être possible de passer vivants à travers la débâcle. Après la liquidation du convoi de Sachsenhausen, nous nous sommes mis à craindre le pire. D'un jour à l'autre.

C'est alors que tomba l'ordre des chefs de la S.S. d'envoyer tous les ecclésiastiques à Dachau qui continuait de passer (à tort comme nous l'avons su plus tard) pour un camp léger. Sauf le père Riquet — futur prédicateur à Notre-Dame — qui se trouvait au block 8, la plupart des prêtres français avaient été regroupés au block 10. Quand je leur ai apporté la nouvelle, elle provoqua une dissension entre ceux qui y virent la volonté de Dieu et les curés qui avaient participé à la résistance. Ceux-là s'en désolèrent car ils y décelèrent un moyen pour les S.S. de les compromettre, sans doute pour entamer une négociation secrète avec le Vatican. L'organisation du camp les protégeait pour qu'ils puissent dire la messe. Recevoir des confessions... Quand c'était possible, ils assistaient les mourants. Il leur semblait se dérober à leur tâche. L'ordre était l'ordre et ils partirent. Ne restèrent parmi nous que quelques-uns, surtout des prêtres des maquis. Ils avaient déjà refusé le regroupement au block 10, affirmant que c'était par erreur qu'on les avait enregistrés comme prêtres.

Ce départ accrut encore le pessimisme ambiant, même si nous respirions pour les femmes, dont certaines se trouvèrent intégrées à des kommandos du camp qui pouvaient leur convenir, comme celui qui s'occupait des vêtements. Leur élimination n'était donc toujours pas programmée. On sentait pour la première fois que certains des S.S. devaient commencer à croire qu'ils avaient perdu la partie. Un commandant de la *Wehrmacht* fit son apparition, mais cela signifiait seulement que Mauthausen était désormais inclus dans la zone des opérations.

Le crématoire ne suffisait plus et l'on se mit à entasser comme des madriers, dans les coins des allées, les morts gelés, en croisant chaque rangée. Au début, ce fut dans les camps de quarantaine, mais les tas gagnèrent bientôt les quinze blocks du « camp libre ». C'est le moment où la nourriture et d'abord le pain devinrent proprement repoussants. La *Politische Abteilung* sortit de vieux dossiers et, chaque matin, on vit une queue d'une dizaine de détenus ou plus attendre devant le crématoire, gardés par un ou deux S.S. Ils se savaient promis à une balle dans la nuque et disparaissaient résignés, un à un. Les « sélections » redoublaient dans le camp des malades surpeuplé.

Chaque block des nouvelles quarantaines comptait alors presque un millier de détenus faméliques rapatriés de partout, dont beaucoup étaient de véritables squelettes ambulants, rendus fous de faim. Ils attaquaient les équipes de porteurs des bouteillons de soupe pour renverser leur contenu sur la neige et se battre, souvent à mort, afin de la laper sans attendre, à même le sol. Les S.S. se régalaient de ces spectacles. Il y eut convergence entre les « verts » et les politiques ayant des responsabilités afin d'établir un minimum d'ordre et surtout d'hygiène. Jusque-là, par suite de mesures féroces, il n'y avait pas de poux au camp central de Mauthausen, en dépit du déferlement des évacués.

L'organisation dut s'employer à tenter de sauver par tous les moyens les résistants menacés par la Gestapo, en même temps qu'il lui fallait veiller à l'état sanitaire des plus affaiblis, voire les dissimuler. Les femmes furent transférées à la carrière sous des tentes, ce qui aggravait leur situation et compliquait notre solidarité avec elles. On les envoyait désormais travailler sur le triage d'Amstetten, régulièrement détruit par l'aviation alliée.

À l'*Aufnahme*, nous étions débordés par la quantité d'arrivants que les nazis faisaient refluer de partout sur Mauthausen, le seul camp important qui leur restait parce que situé dans le « réduit austro-bavarois ».

Là-dessus, sitôt que le froid se mit à diminuer, il devint impossible de conserver plus longtemps les tas de morts et, le crématoire engorgé, les S.S. en firent brûler toute une nuit dans une grande fosse en contrebas de la forteresse.

C'est dans cette atmosphère de fin de monde que, le samedi 21 avril, je fus convoqué par Pany au secrétariat du camp. Les femmes occidentales allaient être évacuées par un convoi de la Croix-Rouge. N'était-ce pas un convoi déguisé d'extermination ? Comme je sortais du secrétariat, une file sans fin d'épuisés montait du camp des malades et pénétrait à tout petits pas, chacun touchant celui qui était devant comme *Les Aveugles* de Bruegel l'Ancien, dans la cour d'appel, avançant clopin-clopant jusqu'au bâtiment du crématoire pour y être gazés. Plus le moindre camouflage sur leur destination.

Par chance, ce jour-là, j'avais fait rester Rabaté au block pour raison médicale. Je lui ai expliqué la situation. Nous ne pouvions rien faire pour les femmes. Dans ce crève-cœur, Pany me fit rappeler. Il fallait compléter le convoi des femmes par quatre-vingts hommes, aussi des nations de l'Ouest, l'air bien portant. Souligné. Des camions de la Croix-Rouge étaient effectivement arrivés. Peut-être bien, les S.S. n'avaient plus besoin de mentir.

La chambre à gaz s'était engorgée et des squelettes nus s'en échappaient par un soupirail et venaient agoniser, l'écume aux lèvres, en plein milieu de la place d'appel, sous la pluie drue du dégel qui s'était mise à tomber. Rabaté et moi allâmes trouver Dürmayer au block 15. Il nous accueillit dans sa chambrée de chef de block. C'était un homme encore jeune, franc du collier, à l'intelligence rapide. Je l'aimais bien parce qu'il écoutait, décidait et ne discourait pas. Nous avons tenté d'évaluer les possibilités. Comment sortir du fin fond de l'Autriche ? Restait sans doute une voie par le Tyrol. Il décida tout de suite qu'il fallait tenter la chance, envoyer les résistants les plus autorisés dans les quatre-vingts. Ce serait quitte ou double. S'ils passaient dans le monde libre, ils pourraient décrire la situation désespérée de Mauthausen et pousser les Alliés à intervenir plus vite à notre secours. Sinon ? Si c'était un traquenard, mourraient-ils vraiment plus tôt que le reste du camp ? Qui sait ? Peut-être auraient-ils l'occasion de résister, de se battre ?

L'exigence des S.S. sur la santé excluait London, malade au *Revier*. Il fallait proportionner les convictions politiques, les nationalités, Espagnols exclus, les Belges, ne pas oublier le seul Anglais. Je passe sur nos débats et nos craintes. Au retour des kommandos de travail, je n'ai pas arrêté de courir de l'un à l'autre pour organiser ce convoi. J'ai aligné à temps mes hommes sur la place d'appel pour que l'officier S.S. de service, le *Rapportführer,* en vérifie la liste. Brusquement, hurlant que je remplissais les conditions pour y être, il m'y adjoignit en surnombre alors que l'organisation avait décidé que je devais rester au camp. C'est ainsi que je n'ai pas pu emporter mes deux livres des Éditions de Minuit. On nous habilla en civil, nous reçûmes de la nourriture S.S. On nous logea hors de la forteresse. C'était un vrai convoi.

Nous avons su, par la suite, que notre évacuation miracle était une conséquence des tractations pour une paix séparée dans le dos de Hitler entre Himmler, qui portait les plus lourdes responsabilités dans les exterminations, d'abord dans celle des Juifs, et le comte Bernadotte, président de la Croix-Rouge suédoise. Ce dernier avait exigé comme préalable la libération des femmes occidentales détenues dans les camps. L'ordre de Himmler alla à Ravensbrück où Germaine Tillion fut envoyée, avec quelques autres femmes restées là-bas, en Suède, et il fut répercuté jusqu'à Mauthausen où la plus grande partie des femmes de Ravensbrück avait été transférée.

Une autre version met en avant, au lieu de Himmler, Kaltenbrunner, le successeur de Heydrich comme chef de la Gestapo. C'est lui qui aurait conclu avec le président de la Croix-Rouge en Suisse, le Dr Burckhardt, un accord, le 12 mars 1945, pour la libération des déportés occidentaux au pouvoir des S.S. Hitler lui aurait donné pleins pouvoirs le 19 avril [1].

Si nous nous en étions doutés, que d'affres nous eussent été épargnées ! Nous n'avons connu alors de la Croix-Rouge que la mise à disposition de ses camions, ce qui était déjà beaucoup. Ce point d'histoire méritera sans doute d'être éclairci un jour. Le plus probable est qu'il y eut des initiatives convergentes de très hauts responsables nazis pour se dépêtrer de leur défaite déjà consommée. La rencontre entre la 1re armée américaine et les troupes sovié-

1. M. de Boüard, *Mauthausen*, *op. cit.*, pp. 38-39, note 4.

tiques de Koniev, à Torgau, sur l'Elbe, va se produire, ne l'oublions pas, le 25 avril. Les pays occidentaux étant libérés de leur occupation, nous n'avions plus aucune importance en tant que combattants pour ces chefs nazis. Ils n'en étaient même plus à se soucier de ce que nous pourrions raconter. Joignons-y que, Russes et Américains presque aux portes de la forteresse, dans les derniers jours d'avril, une des dernières décisions de Ziereis, le grand patron de Mauthausen, fut de manifester une sollicitude confondante pour quelques détenus juifs survivants au camp des malades et il veilla à améliorer leur situation, voulant subitement tenter de les rendre présentables.

Notre transfert quatre jours durant au milieu d'une Autriche toujours en guerre fut dirigé par un capitaine de la *Wehrmacht* et une escouade d'une quinzaine de ses hommes. Quatre jours après notre départ, un autre convoi d'Occidentaux quitta Mauthausen, cette fois sans condition de bonne santé. C'est ainsi qu'Artur London put être à son tour libéré. Seul des politiques français, Émile Valley (qui sera le maître d'œuvre de l'amicale des survivants) décida de rester au camp pour continuer d'aider l'organisation clandestine qui, du fait de notre évacuation, se trouvait, comme sa branche militaire, affaiblie. Il entra dans sa direction.

Notre évacuation avait été prévue initialement sur le lac de Constance où des bateaux suisses auraient dû nous prendre, mais les Alliés l'avaient déjà dépassé. Nous avons alors traversé, par l'Arlberg, le Tyrol. Il faillit y avoir un combat sur la frontière avec les S.S., mais ces derniers déguerpirent et nous entrâmes en Suisse par le poste frontière de Buchs, encadrés là par un fort contingent de l'armée suisse. On nous conduisit au centre de Saint-Gall dans une école transformée en camp de concentration, isolée en pleine ville par deux rangées de hauts barbelés. Nous nous sommes sentis sauvés, mais pas libérés.

Des officiels vinrent nous expliquer en allemand que nous n'étions pas neutres, de là ces mesures de coercition. Bien que des femmes fussent malades, certaines à bout de force, aucun médecin n'apparut. La foule se massa pendant la journée pour nous regarder. On nous lança, comme à des animaux de zoo, par-dessus les barbelés, des petits paquets. C'était du chocolat vitaminé. Exactement ce qu'il ne fallait pas pour des organismes affaiblis.

Impossible d'obtenir des officiels la moindre information sur notre sort. J'ai passé de nouveau la journée au four et au moulin parce que les informations arrivaient en allemand, ce qui blessait encore davantage nos camarades. Saint-Gast ne put obtenir d'être mis en contact avec les services diplomatiques français à Berne. Nous avons fini par croire que les Suisses allaient nous interner jusqu'à la fin officielle de la guerre, ce qui aurait été un comble. La nuit dut leur porter conseil. Le lendemain, de nouveau entourés par l'armée suisse, nous fûmes conduits à la gare où un train de wagons pullman nous attendait. À Zurich, nous découvrîmes que les portes n'étaient plus fermées comme elles l'étaient au départ. C'est ainsi que nous fûmes libérés.

## IX

## *La fin du camp*

Tandis que nous croupissions à Saint-Gall, les exécutions se poursuivaient au camp central. Une partie, la plus jeune, de l'encadrement droit-commun fut incorporée dans les unités S.S. pour être envoyée à ce qui restait de front, ce qui renforça *in extremis* le pouvoir des politiques. Les S.S. vivaient déjà leur défaite. Ils brûlèrent les documents de la *Politische Abteilung* — mais les Espagnols du kommando en sauvèrent —, détruisirent partiellement la chambre à gaz et d'autres installations gênantes. Un des derniers actes de Ziereis sera d'inciter les Espagnols à rejoindre la division franquiste Azul. On imagine la réponse qu'il reçut.

Peu d'heures après, la nouvelle inouïe se répandit qu'il avait été remplacé par le commandant Kern de la police municipale de Vienne. Les S.S. avaient disparu. Aussitôt Dürmayer et Maršalek en tant qu'Autrichiens se présentèrent à ce commandant Kern comme dirigeants du comité international de résistance qui apparaissait ainsi pour la première fois au grand jour. Ils obtinrent que les policiers ne s'occupent que de la garde extérieure du camp. Les nôtres prirent le pouvoir à l'intérieur. Le danger principal pouvait toujours venir d'un retour des S.S. L'organisation militaire y veilla.

Le comité international reçut ainsi le camp central et celui des malades dans une situation proprement désastreuse. Le 11 mai, quand tout fut fini, on y recensa encore 15 200 prisonniers dont 14 741 politiques et 470 verts. Parmi les premiers, 2 079 femmes évacuées de divers autres camps. Jusqu'au 7 mai, ce sont les détenus politiques qui ont dû assurer la survie et d'abord l'ordre. Il leur avait fallu mettre hors d'état de nuire les nervis droits-communs des S.S. qui ne s'étaient pas enrôlés et obtenir un *modus vivendi* avec les Polonais.

Exactement comme ç'avait été le cas pour l'armée soviétique à Auschwitz, la libération de Mauthausen ne figurait pas dans l'ordre de marche de la *11$^{th}$ armored division* américaine opérant dans le secteur. Un *half-track* isolé se présenta à la Tour le 5 mai, déchaînant l'enthousiasme des prisonniers. Son équipage repartit aussitôt, effaré, rendre compte de sa découverte aux supérieurs. Les policiers de Vienne qui gardaient le camp commencèrent à se disperser. Leurs officiers s'étaient enfuis les premiers.

« Plusieurs [des policiers], écrit Razola dans *Triangle bleu*, demandent même à se constituer prisonniers plutôt que de courir le risque de rencontrer des S.S. qui pourraient leur demander des comptes.

» En un tour de main, les tours et le fronton de la grande porte sont couverts d'écriteaux à l'adresse des armées alliées et de drapeaux surgis d'on ne sait où. Au grand mât, où voici quelques jours flottait l'odieuse bannière à tête de mort flotte fièrement l'enseigne de la République espagnole [1]. »

Les groupes armés occupent les dépôts d'armes, le central téléphonique et tous les points essentiels. Ils assurent l'ordre dans le camp pour empêcher la sortie d'éléments incontrôlés et les débordements des squelettes des quarantaines, protéger de leurs pillages les cuisines et les trop rares dépôts de vivres. La nuit, des patrouilles fouillent le terrain autour du camp. Elles capturent sur le Danube un bateau chargé de vivres. Mauthausen essaie de prendre en main le camp de Gusen, mais le camion de vivres qui y est expédié est assailli par les moribonds avant d'être déchargé.

Je reprends le récit de *Triangle bleu* : « Vers minuit [le 5], le commandant Lavin et deux officiers autrichiens sont envoyés à Linz, avec mission d'établir la liaison avec les forces américaines [...]. Parmi les prisonniers capturés par nous au village [de Mauthausen] se trouvent quatre civils richement habillés, sentant passablement le schnaps et portant des sacs de montagne bourrés de conserves, cigarettes, chocolat et autres douceurs américaines (tout cela provient de colis de la Croix-Rouge arrivés au camp il y a quelques jours [...] détournés par les S.S. [...]). Un de ces messieurs proteste énergiquement et se prétend délégué de la Croix-Rouge. Ses compagnons sont placés sous sa protection et ils se dirigent vers la Suisse. [...] Il exige d'être immédiatement libéré [...] c'est un Suisse alémanique, en effet délégué

1. *Triangle bleu, op. cit.*, p. 163.

de la Croix-Rouge. Mais ses protégés ont été reconnus : il s'agit de deux membres de la Gestapo et d'un gradé S.S. [...]

» Ils sont dirigés vers la prison du camp. Miguel, le responsable, demande au délégué de la Croix-Rouge si c'est son organisme qui le charge de protéger les nazis : "Je n'ai aucune explication à vous donner. Vous n'êtes pas une autorité qualifiée et je me plaindrai aux Alliés qui vous demanderont des comptes pour mon arrestation arbitraire [1]." »

C'est ce qui se produisit effectivement dès l'arrivée des troupes américaines. Lavin ne rentra que le 7. Ses compagnons et lui avaient d'abord été désarmés à Linz et enfermés pour la nuit. C'est ainsi que les Américains perdirent un jour de plus, n'arrivant au camp que le 7 à 18 h 30. Jusque-là, ce sont les groupes armés qui ont assuré la défense contre les groupes de S.S. épars dans le secteur.

De Boüard note sèchement : « Le lieutenant-colonel Seibel, qui prit le commandement du [camp de Mauthausen] déclara "avoir découvert celui-ci au cours d'une action de combat" ; ainsi rien n'avait été prévu "pour améliorer le sort des détenus au moment de la Libération". Jusqu'au 10 mai, le chiffre quotidien des morts dépassa 450. Plus de 700 cadavres, entassés dans les allées du camp, attendaient l'incinération [2]. »

Rien n'avait en effet préparé le lieutenant-colonel

1. *Ibid.*, p. 167.
2. M. de Boüard, *Mauthausen, op. cit.*, p. 42.

Seibel à ce rôle. Non seulement il commença par destituer, en le menaçant de son arme, le général-major soviétique Pirogov, chef de notre organisation militaire clandestine, mais encore il ne vit dans le comité international qu'une « organisation communiste autodésignée, voulant même que Dürmayer démissionne illico parce qu'il le prenait pour un Allemand ».

En bon militaire, il fit aussitôt désarmer nos groupes, mais ses hommes ne connaissaient rien au camp et ce fut aussitôt l'anarchie la plus complète avec les centaines de fous de faim qui attaquaient tout. Les combattants de notre résistance qui avaient fait tenir le camp jusque-là et assuré un minimum d'ordre n'eurent droit à aucune reconnaissance pour leurs efforts, à aucun égard, seulement à la méfiance, voire aux menaces et au mépris de leurs libérateurs.

De Boüard cite un rapport américain d'un mois plus tard, le 7 juin, qui exprime à merveille cette incompréhension : « Lorsque le camp fut découvert [le mot est décidément à retenir] les internés armés furent désarmés et, comme ils essayaient de piller, de voler, ne faisant aucune attention aux règles d'hygiène et s'emparaient de tout ce qui leur tombait sous la main, précieux ou non, il fut nécessaire de recourir à une discipline plutôt énergique, qui fut progressivement relâchée, quand les internés firent preuve de plus de responsabilité sociale [1]. »

Je n'étais certes pas là, mais la description de l'anarchie des fous de faim recoupe mon expérience

1. *Ibid.*, p. 42 note 2.

d'eux en avril comme ce que m'ont raconté les rescapés. Je peux traduire de ce rapport qu'après que nos groupes de défense qui savaient comment s'y prendre avec ces moribonds furent désarmés, ceux-ci en profitèrent pour se ruer sur tout ce qui pouvait leur tomber sous la main. Que les Américains n'aient su alors que leur opposer « une discipline plutôt énergique », sans songer à les soigner, m'a toujours fait froid dans le dos. En fait de regain de « responsabilité sociale », je traduis que l'ordre n'est revenu qu'au moment où ces centaines de pauvres décharnés n'ont plus eu la force ni le vouloir de vivre.

Sans doute ont manqué à ce moment-là les officiers français rentrés avec nous qui auraient peut-être pu se faire entendre de ce gradé américain trop sûr de lui, Seibel. Les survivants résistants de Mauthausen se considéraient à juste titre comme des combattants et auraient simplement voulu qu'on les respecte comme tels et, pourquoi pas ? qu'on écoute ce qu'ils avaient à dire et utilise leurs compétences. C'était bien trop demander. Ils ont dû ainsi subir impuissants, méprisés, le déchaînement de la mort par le typhus qui se produisit dans la pagaille provoquée par leur mise à l'écart.

Plus tard Lavin me dit : « Les S.S. voulaient nous détruire. Quoi qu'ils m'aient fait, je ne me suis jamais senti humilié par eux. Quand tu as envie de tuer ton ennemi, ses crachats sur toi ne t'atteignent pas. À Linz, lorsque les Américains m'ont désarmé et enfermé comme un ennemi, plus tard, quand j'en croisais sur la place d'appel et qu'ils me toisaient, là je me suis senti humilié. »

Les rapatriements se feront courant mai, n'importe comment. Parfois il a fallu que les déportés se battent contre les S.T.O. Le chiffre des morts français que nous avons perdus après le 7 mai a été très élevé. Valley l'évaluait à plusieurs dizaines. Parmi les victimes, le père Jacques, rentré de Gusen et mort du typhus, qui avait, lui aussi, voulu rester au camp pour soigner les malades.

Bachmayer avait tué sa femme et ses deux fillettes avant de retourner son revolver contre lui. Ziereis fut capturé blessé un mois plus tard. On possède son interrogatoire fort complet par Maršalek sur les crimes commis à Mauthausen sous son commandement. Ziereis est mort de ses blessures.

Je rappelle que l'étude de Michel de Boüard à laquelle je me réfère parut en 1954 quand la plupart des rescapés étaient encore vivants et fut confirmée par eux. Michel de Boüard, parvenu à un âge avancé, renia la partie de son livre ayant trait à la chambre à gaz du camp pour se rapprocher des négationnistes. C'est une autre histoire.

## X

## *Après*

Notre vraie libération eut lieu lorsque notre train arriva à Genève au soir du 26 avril. Le quai était couvert de monde, drapeaux français, fleurs pour nos compagnes. Un des premiers à descendre, je fus embrassé par un homme de haute stature, le frère du général de Gaulle alors représentant de la France à Genève. Personne ne connaissait l'existence de Mauthausen. Ayant repéré un journaliste, comme à vingt-deux ans avec ma maigreur je paraissais trop jeune pour qu'on me prenne au sérieux, j'ai réuni Saint-Gast et Rabaté afin qu'ils expliquent qu'il restait en Autriche des milliers de déportés français à sauver. L'autre ouvrait des yeux grands comme des soucoupes. Je sentais que nous ne trouvions pas les mots pour le secouer. Déjà, on nous appelait : une locomotive et des wagons antédiluviens à banquettes de bois nous attendaient sur le quai d'en face.

Notre libération se poursuivit, la frontière française passée, avec des civils portant des brassards F.F.I., qui, alertés, nous présentaient les armes. D'autres nous attendaient au passage des ponts détruits par la résistance et rafistolés que nous traversions mètre après mètre. Ces hommages ne cessèrent pas dans la nuit la plus noire. Mais, quand nous avons débarqué au matin en gare d'Annecy, plus rien de tel. Un escadron de gendarmerie nous canalisa jusqu'à une place en traitant le groupe des hommes avec le peu de ménagement dû à des civils débarqués sans papiers.

Nos deux plus hauts gradés, Saint-Gast, qui avait rang de colonel, et de Dionne, de commandant, prirent le lieutenant à part devant les gendarmes médusés qui tripotaient leur mousqueton, lui intimèrent d'un tel ton de se mettre au garde-à-vous devant eux qu'il le fit en dépit de leur accoutrement caricatural. Ils exigèrent d'aller en délégation sur l'heure chez le préfet en joignant à eux Rabaté. Quant à nous, on nous enferma dans une caserne en continuant de nous traiter comme des éléments dangereux, tout de suite soumis à un interrogatoire par des blancs-becs de la Sécurité militaire. Des incidents éclatèrent aussitôt. Nous en avions vu d'autres. Quand la délégation revint pour nous dire que nous étions libres, nous avions déjà pris le contrôle de la caserne. Quartier libre dans les rues d'Annecy. L'après-midi, on nous permit d'avertir les nôtres par télégramme.

Seize heures de train jusqu'à Paris, avec, de nouveau, les cheminots ayant donné l'alerte, les F.F.I. dans les gares, la *Marseillaise*, drapeaux et bouquets de fleurs, du vin en Bourgogne, mais pas d'eau, alors que nous mourions de soif. Des femmes s'évanouirent. À la gare de l'Est, nous sommes redevenus des sans-papiers. Nous y avons croisé un convoi de collabos enchaînés destiné à Clairvaux. Encadrés, cette fois par des gardes mobiles, on nous enfourna sans explication dans les autobus de la R.A.T.P., ceux-là mêmes que j'avais vus à l'été 41 servir à la première rafle des Juifs.

Quand nous essayions d'engager la conversation, les gardes se bornaient à des « Vous verrez bien ! » ou « Nous avons des ordres ». On nous conduisit au *Lutétia* où personne ne vint nous saluer. Des femmes s'évanouirent à nouveau. Cela faisait quarante-huit heures que nous n'avions pas pu nous allonger. Heureusement, il y avait des fauteuils confortables.

Pas pour longtemps car, à cause de mon rôle dans l'administration du camp, j'ai été happé par les services secrets américain, puis anglais, enfin français, qui découvraient l'existence de Mauthausen. Les premiers voulaient savoir comment y avaient été exécutés des parachutistes alliés, les derniers cherchaient des généraux disparus. Je suis passé en dernier le soir pour recevoir mes papiers de déporté. Rien n'était prévu pour nous ramener chez nous.

Quand nous avons compris qu'on nous laissait tomber, nous avons barré tout le carrefour Sèvres-Babylone en répartissant nos groupes selon leur destination. Nous avons arrêté les rares automobilistes. Quand ils allaient dans la bonne direction, nous réquisitionnions le conducteur en brandissant notre carte toute neuve de déporté pour qu'il prenne le ou les copains que ça arrangeait. Tous nous ont obéi.

Je suis tombé sur un type qui allait à Vitry. La trentaine solide. Il ne savait pas ce que c'était qu'un camp de concentration. J'ai résumé. Il me demanda si c'était moche, « plus moche que prisonnier de guerre ? ». Je lui ai dit que oui. Il s'est tourné vers moi afin de bien m'examiner : « Pourtant vous n'en avez pas l'air. » J'ai dit : « Que voulez-vous que j'y fasse. » Heureusement, nous étions arrivés. Je l'ai fait arrêter au bas de la rue où habitaient mes parents pour marcher jusqu'à leur maison.

## XI

## *Service après camp*

Nous restions hantés à la pensée du sort des nôtres que nous avions laissés au camp. L'arrivée inattendue du second convoi à la fin d'avril nous leva un poids de sur le cœur, mais il restait des milliers des nôtres à Gusen, à Ebensee où l'on avait évacué le kommando de Melk. Délégué par les miens, je ne pus accéder au ministère s'occupant des déportés que le 2 mai. Le préposé en pantalon rayé gris et noir, veston noir à l'ancienne, me répondit, après avoir fourragé dans ses classeurs, que Mauthausen ne figurait pas sur sa liste des camps nazis.

Cela ne m'étonna pas outre mesure. Je lui ai fait un cours en désignant les camps annexes sur la carte du Reich plaquée sur la paroi de son bureau, avec le nombre possible des Français dans chacun d'eux. Il finit par me demander : « Mais comment vous savez ça ? — Les politiques géraient l'administration du camp. » Quand je l'ai quitté après lui avoir fait avouer qu'il n'y avait rien de préparé pour nous recevoir, pas de service sanitaire spécifique, qu'il ne savait pas où se trouvait l'armée française en Autriche, qu'elle n'avait pas pu être alertée, il me lâcha que personne ne l'avait jamais traité comme moi je venais de le faire. Je lui ai dit que ce n'était qu'un début. « Quand il aurait à faire avec mes aînés... »

Personne d'entre nous, les résistants, ne demandait des félicitations. Nous nous étions laissé prendre. Les vrais héros étaient nos camarades qui avaient su combattre dans la nuit de la clandestinité jusqu'au bout en déjouant les traquenards de la Gestapo et des sbires de Vichy. Mais nous avions conscience d'avoir poursuivi notre guerre dans les prisons et surtout à Mauthausen et qu'elle méritait du respect. Nous n'avions que faire de la commisération de ceux qui étaient restés douillettement dans leur lit en attendant les Alliés. Nous ne pensions qu'à ceux que nous avions laissés par force derrière nous. Des jours et des jours d'attente insoutenable. Surtout à celles et ceux des nôtres qui revenaient certes encore en vie, mais tellement affaiblis.

Beaucoup d'entre nous avaient passé pour morts. Moi le premier, mais je n'avais pas de fiancée. Je passe les drames familiaux. Le pis fut sans doute pour celles et ceux qu'on avait remplacés dans la vie aussi bien publique que privée, qu'on traitait comme des gêneurs. Ils avaient en face d'eux un trou qui se mesurait en années. Je l'ai su mieux que d'autres parce qu'à cause de mon âge je devenais pour eux un confident comme en voulait la tragédie classique, qui pouvait tout comprendre de leurs déchirements parce que j'avais tout partagé de leur misère. Nous tombions bel et bien « en étrange pays dans mon pays lui-même », comme l'écrivait à ce même moment Aragon. Au surplus, tout le monde, et d'abord ceux qui s'ébahissaient de nous voir rentrés, s'attendaient à ce que nous fussions contents de nous retrouver parmi eux.

Un édito d'Albert Camus dans *Combat* du 17 mai donne la mesure de notre colère : « Quand les "déportés d'honneur" [il s'agissait de Paul Reynaud, Léon Blum et Daladier] sont rapatriés immédiatement et par avion, c'est une honte que nos camarades connaissent encore les mêmes horizons désespérants qu'ils ont contemplés pendant des années [...]. Il faut qu'on sache qu'un seul des cheveux de ces hommes a plus d'importance pour la France et l'univers entier qu'une vingtaine de ces hommes politiques dont des nuées de photographes enregistrent les sourires. Eux, et eux seuls, ont été les gardiens de l'honneur et les témoins du courage. C'est pourquoi il faut qu'on sache que, s'il nous est déjà insupportable de les savoir au milieu de la faim et de la maladie, nous ne supporterons pas qu'on nous les désespère [1]. »

Et Camus, en écrivant cela, n'avait évidemment aucune idée de l'abandon au milieu du chaos, du typhus et des morts que subissaient les nôtres. Nos camarades du second convoi avaient eu le temps de se préparer à partir et les Espagnols leur avaient donné une copie de la liste des morts français au camp. Il nous fallait prévenir les familles, leur épargner d'aller jour après jour attendre en vain au *Lutétia*. Cette fois,

1. *Camus à Combat*, Paris, Gallimard, « Cahiers Albert Camus », 2003, pp. 511-512.

nous avons envoyé une délégation de plus de poids que moi, de nouveau Rabaté, Saint-Gast. On leur répondit très officiellement que c'était impossible. Cette liste n'avait aucune valeur légale. « Et puis, pensez aux problèmes d'héritage. » Ils revinrent blancs de rage.

Le lendemain, ils me donnaient un bureau dans l'immeuble de la rue Leroux réquisitionné comme siège de la future Fédération des déportés et, avec l'aide d'une secrétaire efficace, une jeune juive qui me comprenait à merveille, je déchiffrai pour les familles les sigles S.S., transformant « mort à Hartheim », ce qui voulait dire par gazage, en crise cardiaque si l'homme était âgé ; en pleurésie ou pneumonie pour un jeune. Il m'était impossible de parler de gazage aux familles, en un temps où le souvenir des gazages dans les tranchées de la Première Guerre mondiale et du calvaire des gazés qui en avaient réchappé était encore trop vivace. Aucun de nous n'imaginait évidemment que l'existence des chambres à gaz, de la petite de Mauthausen comme des immenses d'Auschwitz, Maïdanek ou Treblinka, serait, quelque trente ans plus tard, contestée et niée par des groupes organisés. Je n'étais pas rassuré en disant, avec un sourire, aux familles que le nom qu'elles cherchaient n'était pas sur ma liste, mais j'ignorais encore les conditions affreuses de l'après-libération à Mauthausen. Nos camarades ne sont rentrés que la dernière quinzaine du mois de mai.

Le 5 mai, un gendarme à motocyclette était venu déposer chez mes parents un carton : « Le général de

Gaulle vous recevra en audience le 7 mai à 15 h 15. » Le costume que j'avais mis en 1939 pour la dernière distribution des prix à Henri-IV m'allait encore. Pour l'hygiène du kommando d'accueil, on me rasait la tête. Mes cheveux avaient donc une vingtaine de jours.

Nous nous retrouvâmes à une cinquantaine dans une grande salle de la rue Saint-Dominique au ministère de la Guerre où le général de Gaulle s'était installé. J'ai retrouvé là tous les rescapés du camp socialement repérables. Nous étions deux communistes. Pas Rabaté. Alignés, nous devions décliner au général l'organisation de résistance au moment de notre arrestation et la date d'entrée dans la résistance. Je dis assez fort : « Organisation spéciale du Parti communiste français. Juillet 40. » Cela fit un trou de silence. Le général me regarda et passa au suivant. Speech devant le champagne : « La victoire est là. Vous y avez votre part. » Plus durement : « La France... a besoin... de tous ses fils. Je dis bien : de tous ses fils. Vive la France ! » Cela voulait dire merci et maintenant rentrez dans le rang. Je n'étais pas gaulliste et ces mots me suffisaient, mais Saint-Gast était bouleversé, comme ses copains. Il me dit plus tard : « Il nous a renvoyés à la maison. »

Le parti communiste ne fit, quant à lui, aucune réception. Je fus convoqué à son siège, alors au 44 rue Le-Pelletier. C'était mon premier contact avec ce parti redevenu légal. On me fit monter par des escaliers tout en haut de l'immeuble. Un type long et bien portant, assez jeune, m'accueillit en expliquant qu'il était responsable aux cadres. « Est-ce que

Rabaté ne profitait pas de sa position pour manger plus que les autres ? Pourquoi lui donnais-tu des cigarettes au lieu de les verser toutes à la solidarité, puisque là-bas le tabac vous servait d'argent ? — Je ne fumais pas et j'avais de la peine à voir Rabaté souffrir. Nous avions besoin qu'il se consacre à penser notre résistance. Ne pas avoir à chercher de quoi fumer y aidait. »

À l'époque, on ne pensait pas aux extraterrestres, mais, de son point de vue communiste, j'ai dû lui en paraître un. Il me posa d'autres questions du même niveau. À la fin, j'ai éclaté, lui disant que je n'étais pas venu répondre à des ragots de concierge. Cela fit un esclandre. Il tenait à ses questions. Il en avait toute une liste. On me reconvoqua pour le lendemain, cette fois devant le patron du service, Chaumeil, un Limousin noiraud, vif, accrocheur, et l'interrogatoire recommença sur les mêmes bases. Il finit par ironiser sur mon zèle à prendre fait et cause pour Rabaté. « C'est grâce à lui et à des camarades comme lui que nous sommes rentrés. » Il cessa d'ironiser et me dit très doucement, en me fixant dans les yeux : « Si tu te figures qu'on vous laissera faire un "parti des déportés", tu te trompes. Plus jamais on ne te laissera retravailler avec Rabaté. » C'était décidément leur obsession. Ce fut le cas.

Rabaté et tous mes aînés dans le P.C. payèrent de fait très cher leurs initiatives à Mauthausen. Ils avaient, crime inexpiable, créé au camp un « parti hors du parti ». Après la rupture entre Staline et Tito en 1948, on leur découvrit un profil de titistes potentiels. J'ai échappé à ces règlements de comptes uniquement parce que, trop jeune, je n'avais aucun passé dans le parti...

Son rôle dans l'organisation de la résistance à Mauthausen fut un des arguments du réquisitoire contre London au cours de la préparation du procès Slansky en 1951-1952, avant qu'on ne transfère ce chef d'accusation contre un autre accusé, de retour, lui, de Buchenwald, Frank, qui fut pendu. Je ne l'ai appris et compris que lors du retour de London en France en 1963. À rapprocher désormais pour moi de l'intelligence des rescapés soviétiques du block 20 qui, eux, n'avaient aucune illusion sur la sorte d'accueil qui les attendait de la part du Parti communiste soviétique.

Le 8 mai, j'ai fêté la victoire toute la nuit avec mes copains survivants des Étudiants communistes. Je n'avais eu d'autre jeunesse que la guerre et les camps. Ils ne comprenaient pas pourquoi je ne parvenais pas à me détendre. Je leur ai dit bêtement : « Je pense aux miens. » Les miens, c'était Valley et Lavin au camp central, Havez, Pichon-Ullmann sans doute encore à Ebensee. Des centaines d'autres, connus ou inconnus. Quand je voyais l'ivresse des danseurs et des danseuses déchaînés, je pensais : pourvu que ces jeunes gens aient un avenir où rien de ce que nous avons connu ne pourra leur arriver.

Ceux de nos copains qui avaient échappé aux embûches réapparurent quinze jours plus tard, ayant traversé la débâcle du Reich avec le même sang-froid qu'ils avaient su organiser leur survie à Melk et Ebensee. Ils se jetèrent tout de suite à corps perdu dans l'action. Havez se trouva aussitôt au comité central d'un parti communiste qui avait le plus grand besoin de résistants de 1940 et il fut promu secrétaire administratif du comité. Ullmann ressortit *Les Étoiles*, un journal pour intellectuels de la clandestinité. Dans le premier numéro, il publia un éloge par Paul Claudel du roman d'Aragon, *Aurélien*.

La guerre n'était pas finie. Je me suis trouvé fin juillet à Londres, invité par le Labour Party à une conférence réunissant des étudiants et intellectuels ayant vécu sous le nazisme. Les socialistes anglais étaient persuadés que nous leur refaisions, je traduis, « le coup des atrocités allemandes comme en 1918 » pour disqualifier les vaincus. J'ai improvisé un exposé sur les S.S., le fonctionnement et les exécutions de Mauthausen, sur ce que j'avais compris de l'extermination des Juifs à Auschwitz. Il s'acheva dans un silence à couper au couteau. Plus tard, on m'expliqua que j'avais sidéré l'auditoire parce que je parlais anglais avec un tel accent allemand que tout le monde avait cru d'abord que j'étais allemand. De fait, à Mauthausen, pendant un an, j'avais beaucoup plus parlé allemand que français.

Londres me frappa par l'ampleur des destructions causées par la *Luftwaffe* et les fusées V1 et V2. Les Anglais venaient de chasser Churchill, mais ils me semblaient très déterminés à entamer une nouvelle vie, en bien meilleure santé morale, au bout du compte, que les Français. C'est parmi eux que j'ai appris le lâchage des deux bombes atomiques sur le Japon au début d'août. Ils étaient beaucoup plus au fait des atrocités japonaises que nous. Je suis tombé d'accord avec eux qu'il fallait casser le militarisme japonais comme nous avions cassé l'hitlérisme. J'avais fêté la victoire à Paris. C'est à Londres que j'ai vécu la fin de la guerre.

## XII

## *Ensuite*

Nous avons découvert en 1947 que les baraquements de la plupart des camps extérieurs de Mauthausen avaient été démontés par les Autrichiens avides de reconstruire ce que la guerre laissait en ruines. La conservation de la forteresse et sa transformation en lieu de souvenir devinrent soudain pour nous un objectif de première importance. Nous devions ce mémorial à nos morts.

On ne s'évadait pas des kommandos de Mauthausen parce que les paysans livraient les fugitifs. Nous avions vu leur chasse aux évadés du block 20. Désormais, les Autrichiens avaient tendance à se penser comme les premières victimes de Hitler. La préservation des restes du camp nous apprit que c'étaient nos morts eux-mêmes qui étaient au cœur du débat partout où la pieuvre de Mauthausen avait étendu ses tentacules et avait semé des cadavres lors des convois d'évacuation d'avril 1945.

Gordon J. Horwitz l'a mis en lumière : « Au printemps 45, les morts et leur mémoire pesaient sur la conscience des vivants [...]. Avec le temps, il s'avéra plus difficile de se défaire des morts que des vivants et il fallut les affronter. Pour autant qu'ils ne se fussent pas déjà évanouis en cendres chaudes, on devait maintenant les dérober à la vue [...]. On leur dénia le droit de reposer là où ils étaient tombés, dans la mesure où, souvent, ils gisaient trop près des lieux qu'aimaient à fréquenter les gens au milieu desquels le meurtre avait été commis. L'un des grands soucis de la population fut la nouvelle affectation des terrains et des bâtiments des camps eux-mêmes. En 1949, certains s'opposèrent ouvertement au projet de conserver le camp principal de Mauthausen et d'en faire un mémorial [1]. »

C'était un combat imprévu pour nous. L'amicale que nous avions fondée s'y employa avec l'aide des forces d'occupation françaises en Autriche. Au printemps 1949, contre ces menaces, l'amicale me demanda de diriger un pèlerinage d'anciens déportés et dc familles au camp central. Je fus arrêté sur le quai de la gare de l'Est par la police militaire française. Le commandement de l'occupation en Autriche m'avait déclaré indésirable à cause de mon activité en mai 1945 pour hâter le rapatriement de nos camarades restés dans le camp et ses kommandos. Cette interdiction contre moi a duré tout le temps de l'occupation alliée en Autriche jusqu'en 1955. L'amicale n'a jamais pu la faire lever.

Je ne suis revenu à Mauthausen qu'en visite privée le 1er mai 1967, de retour de Prague avec ma mère et ma femme. Nous sommes tombés dans le village en

1. G. J. Horwitz, *Mauthausen, ville d'Autriche*, *op. cit.*, p. 259.

fête. Aucune indication qu'il avait existé le camp. Je suis allé à la gare et j'ai refait le chemin que nous avions parcouru de nuit à notre arrivée. Une longue, longue rue pavée serpentant parmi les maisons serrées du bourg. Les habitants avaient donc vu passer les 260 000 détenus qui avaient pris ce chemin durant les sept années du camp. Au sortir du patelin, dans la montée, je me suis trompé de route en obliquant trop vite à droite et nous sommes tombés sur la ferme qui se trouvait dans l'enceinte même du camp. Elle nous parut prospère.

De là, j'ai regagné la Tour. Intacte, mais les portes d'entrée étaient fermées. Le camp semblait alors peu fréquenté. Oublié. Une nuée de bourdons vrombissait dans les buissons comme si notre venue les dérangeait dans leurs habitudes. En redescendant, par la bonne route cette fois, j'ai vu que toutes les annexes du camp avaient disparu et, beaucoup plus bas, découvert que le portail menant à la carrière de Wienergraben se trouvait en réalité à une centaine de mètres des dernières maisons du patelin. Les gens avaient donc pu entendre tout ce qui s'y passait et les coups de fusil tirés des miradors vers les détenus officiellement tués pour tentative de fuite.

Je n'ai revisité le camp que des années plus tard, à l'été 1983, pour montrer à mon fils le lieu où, non seulement moi, mais son grand-père Artur London et son grand-oncle Frédéric Ricol avaient été déportés. Alors, un imposant écriteau sur l'autoroute signalait Mauthausen comme lieu à visiter, vantant les commodités touristiques alentour, signalées par trois ou quatre étoiles. L'itinéraire était balisé et la route neuve bien entretenue.

Le camp avait déjà pris son aspect de musée avec un grand parterre de gazon au milieu de la place d'appel, des buissons, une profusion de monuments aux morts fleuris, un pour chaque nationalité, autour de la forteresse. À l'intérieur du *Revier*, transformé en musée, des panneaux indicatifs en allemand retraçaient assez exactement des étapes de l'histoire du camp avec les photos ramenées par Francisco Boix. Les bâtiments en dur restaient, et donc le gigantisme de la forteresse dont nous savions que chaque pierre avait coûté la vie d'un homme. L'escalier aux cent quatre-vingt-six marches refait, la carrière semblait immobilisée, avec des blocs pas encore équarris. Je me demandais si les visiteurs pouvaient se représenter les supplices et les meurtres du passé. Nous avons croisé un couple d'Autrichiens avec leur fils de douze-treize ans comme le mien. Il y avait ce jour-là fort peu de visiteurs.

J'y suis revenu avec deux amis en 2002. Nous venions de l'aéroport de Linz. J'ai dit au chauffeur d'aller à la gare et que je lui indiquerais la route. Mauthausen est désormais un village pimpant, très accueillant, avec des parterres de fleurs, jouant pleinement de sa situation au bord du Danube. La route des déportés que je voulais prendre est à présent en sens interdit, mais le camp est bien signalé. Il faut prendre une route neuve, assez large pour les autocars, qui monte agréablement en forêt jusqu'à l'ancien garage des S.S. réaménagé en parking pour les visiteurs.

Il était encore assez tôt le matin, mais déjà des cars et beaucoup d'autos s'y trouvaient. Les touristes se pressaient sur la place d'appel, parmi eux, des groupes de jeunes, visiblement des classes conduites par leurs professeurs. La partie en pierre, la laverie, la cuisine, le bâtiment du crématoire restent fort bien conservés. La visite balisée par des écriteaux conduit au couloir des exécutions par balle dans la nuque, à la chambre à gaz, aux fours crématoires.

Ce matin-là, un adjudant de l'armée autrichienne expliquait à un groupe de jeunes recrues le fonctionnement de l'ensemble. Je réentendais le parler lourd des S.S. du cru, nombreux jadis dans la garnison de Mauthausen, mais c'était à présent pour un bon motif. Je me suis demandé ce que ces jeunes recrues en pensaient. Ils étaient bien disciplinés, ne posaient pas de questions. Je n'ai pas eu envie de leur en poser. Le camp a été l'affaire de leurs grands-parents. Je suis ressorti. Toutes les quarantaines ont disparu. Une plaque rappelle le block 20.

Les cellules du *Bunker*, la prison du camp, sont maintenant toutes ouvertes et j'y pénètre pour la première fois au milieu d'une foule d'adolescents à qui leurs professeurs racontent l'histoire tragique du lieu. Ils écoutent en silence. Je pense à tous ceux des nôtres qu'on a torturés et assassinés là. Aux conjurés du 20 juillet... Je fais le guide à ma façon pour mes amis.

En face, il ne reste que les fondations de nos blocks à l'exception du block 1, celui du secrétariat du camp, mais c'est une coque vide où je ne me retrouve plus. Rien ne la distingue de sa partie la plus éloignée de la tour où fonctionnait le bordel ouvert aux détenus anciens de nationalités devenues respectables. Les Français, comme les Russes, les Italiens et les Yougoslaves en étaient donc exclus. Rien n'indique ce passé trouble. Je comprends cette pudeur. Cela demanderait trop d'explications et nuirait à l'effet qu'on veut produire aujourd'hui.

J'ai conduit mes amis, par la petite porte de la Tour, vers le chemin de la carrière. Là aussi, les pierres disjointes où nous heurtions nos claquettes ont fait place à une chaussée plus civilisée. Des plantes ont poussé. Ce n'est pas seulement l'escalier, mais tout le fond de la carrière qui a été briqué désormais. Vingt ans plus tôt, il restait encore le creux d'éboulis où les S.S. précipitaient les Juifs, parfois d'autres détenus, du chemin jusqu'en bas de la carrière. Lors de ma première visite, j'avais été frappé qu'on y eût placé des croix de bois très simples, en désordre à la mi-pente. C'était maladroit, visiblement improvisé, touchant.

Tout cela a été nettoyé, protégé, même si, en haut, sur le chemin, une grande inscription gravée donne des explications aux visiteurs. En 1983, des indices avaient fait remonter en moi des scènes de violence et de meurtre. Je revoyais le vieil homme ahuri qui s'écartait du rang à trois pas devant moi et à qui Spatz, l'horrible *Kommandoführer* de la carrière, avait fracassé le crâne d'un coup de manche de pioche. Sur le chemin, les morts de la journée que nous remontions couchés dans les civières. J'ai vieilli. Ma mémoire n'est sans doute plus, à quatre-vingts ans, ce qu'elle était. Tout est devenu abstrait. « J'erre à travers », comme chantait Apollinaire. J'ai beau essayer, je ne me raccorde plus à autrefois.

Ce qui me sort de ma distraction et me ramène au camp, ce sont d'abord les questions de mes amis. Puis, tout soudain, parce qu'on a ouvert le grand portail à cause de l'afflux des touristes, comme jadis pour la sortie ou la rentrée des kommandos, je retrouve la Tour de mes souvenirs. Du côté intérieur, il y pend toujours, à gauche, le crochet d'acier [1] qui servait à immobiliser comme au pilori un condamné par la *Politische Abteilung* ainsi exposé, parfois des jours entiers, à ses codétenus du camp. Je rentre bel et bien dans le camp. Il est là.

En bâtissant leur bagne pour mille ans, les nazis ont légué à l'Europe un monument à jamais inscrit dans la mémoire de ses tragédies.

1. On en possède une photo ramenée par Francisco Boix qui figure dans l'édition princeps du *Triangle bleu (ill. 6)*.

## XIII

# *Le pardon, l'impardonnable et l'oubli*

Vladimir Jankélévitch, dans son livre *Le Pardon* paru voici quarante ans [1], a montré le caractère impardonnable des crimes nazis, en particulier de l'extermination des Juifs. Comme le souligne Edgar Morin en 2004 à la fin de son *Éthique* [2], « le pardon comme l'impardonnable ne connaît pas de limite. Jankélévitch arrive au terme de son livre sur deux infinis qui ne peuvent se rejoindre, celui de l'impardonnable et celui du pardon, sans donner le dessus finalement à l'un ou à l'autre ».

Je suis passé trop près de la mort après mon arrestation de 1942 et à Mauthausen pour n'être pas irréductiblement contre la peine de mort et, pourtant, j'ai approuvé et j'approuve toujours celle des grands criminels nazis après Nuremberg et d'autres procès jusqu'à celui d'Eichmann à Jérusalem, en 1963, quand il a été débusqué. J'assume cette contradiction parce que je crois qu'avec eux nous avons été aux prises avec l'impardonnable. Il fallait le marquer en excluant

1. Paris, Aubier-Montaigne, 1967.
2. *Éthique*, *op. cit.*, p. 148.

les coupables des sociétés humaines. À crime d'exception, condamnation d'exception. Une borne à jamais pour le futur.

La question du pardon ne s'est posée en fait que pour les fonctionnaires du système. Comme l'a souligné Eugen Kogon, le premier à avoir écrit sur Buchenwald qu'il avait connu durant sept ans, « les officiers S.S. demandaient à leurs subordonnés obéissance et esprit d'initiative à la fois. Ces deux choses devaient être, pour ainsi dire, "senties" par le subordonné. On ne demandait aux derviches du national-socialisme qu'une foi aveugle, une volonté dirigée contre autrui et une tenue rigide [1] ».

Germaine Tillion y apporte ces commentaires : « J'ai assisté aux procès de plusieurs d'entre eux, et je suis convaincue qu'ils n'étaient ni fous ni bêtes, qu'ils tenaient à la vie et au bien-être de leurs familles. Néanmoins, ils ont tous, sans nécessité, sans utilité nationale (bien au contraire) et pour leur grand péril, entrepris l'extermination de leurs prisonniers [...]. Puissance d'unification, créatrice d'ententes tacites — telle est la haine [...]. La lutte des classes — opposition vive et passionnée — y puise des forces, mais elles ne sont pas inusables [...]. Au contraire, la haine de *tous ceux qui sont différents* (racisme, xénophobies, colonialismes, voire même certains anticolonialismes) est haine sans fin, sans fin autre que celle du sujet et de l'objet. Peut-être se confondent-ils, car on ne peut

1. Trad. franç. *L'Enfer organisé*, Paris, La Jeune Parque, 1947 ; rééd. *L'État S.S. : le système des camps de concentration allemands*, Paris, Éd. du Seuil, 1993.

vraiment haïr les autres sans que celui qui veut s'avilir s'avilisse [1]. »

J'approuve. Le problème des survivants vis-à-vis des bourreaux des KZ (l'abréviation nazie de nos camps) n'est toutefois pas celui du pardon — nous n'en sommes pas détenteurs, seuls nos morts pourraient pardonner ; nous, nous avons à combattre l'oubli —, c'est, quand ces criminels se repentent ou ont purgé leur peine, de savoir les traiter avec l'humanité qu'ils nous refusaient. Pour cette raison, j'ai dit oui à une pétition approuvant que le S.S. responsable du massacre des fosses Adréatines en Italie puisse, après trente ans de prison, rentrer chez lui pour y mourir de son cancer. Eût-il été du massacre d'Oradour-sur-Glane que j'aurais agi de même.

Le crime contre l'humanité est par définition incomparable. Soixante ans après cependant, la condamnation de Nuremberg, si elle reste moralement tout aussi absolue, s'est historiquement brouillée parce que figurait, de plein droit, parmi les juges de Nuremberg, l'État soviétique. Dans ma jeunesse, j'ai été de ceux qui ont voulu à tout prix croire ce régime indemne de tout crime de guerre et des crimes contre l'humanité dont les nazis devaient porter seuls la responsabilité. Nous savons depuis ce qu'ont été le goulag, les déportations massives de 1939-1940 en Pologne et dans les pays Baltes. Aujourd'hui, on sait en outre que les responsables ont procédé à toutes les manipulations imaginables pour camoufler l'un des pires

1. G. Tillion, *À la recherche du vrai, op. cit.*, pp. 210-211.

crimes qu'on doive leur imputer, l'assassinat à froid de 25 700 officiers polonais à Katyn le 5 mars 1940.

Il a fallu attendre 2003 et le livre de Victor Zaslavsky, *Le Massacre de Katyn* [1], pour que la machination soit entièrement dévoilée. Le dossier était si explosif que Gorbatchev n'osa pas le traiter et le transmit, avec ses pouvoirs, à Eltsine en 1991, qui communiqua plus tard les informations aux Polonais.

On sait à présent que Staline fit d'abord voter le Politburo le 2 mars 1940 sur une proposition présentée conjointement par Beria et Khrouchtchev. Elle visait « "à effectuer la déportation dans la région soviétique du Kazakhstan pour une période de dix ans de toutes les familles de prisonniers de guerre qui se trouvent dans les camps pour ex-officiers de l'armée polonaise [...] soit un total de 20 000-25 000 familles" et "d'arrêter les membres les plus dangereux des familles déportées [2] [...]" ».

Il s'agissait, en somme, de faire le vide le plus complet autour des futurs exécutés, d'écarter tous les témoins possibles. Le sort des officiers fut réglé par l'ordre signé des sept membres du Bureau politique, pas un n'y manqua, trois jours plus tard, le 5 mars, d'« "examiner" le cas des 25 700 prisonniers de guerre polonais [...] selon une "procédure spéciale", c'est-à-dire "sans faire comparaître en jugement les détenus et sans formuler d'accusation" [...], appliquant à leur égard "la plus haute mesure punitive :

1. *Le Massacre de Katyn. Crime et mensonge*, trad. de l'italien par Christine Vodovar, Paris, Éd. du Rocher, 2003.
2. *Ibid.*, p. 42.

l'exécution [par fusillade]" [1] ». Quelle anthologie de litotes !

La différence ici avec les nazis tient à la manie d'archivage d'un parti communiste qui se croyait au pouvoir pour l'éternité, convaincu que ses archives ne seraient communiquées qu'à ses dirigeants à venir. Nous n'avons pas de telles précisions chez Hitler pour la conférence de Wannsee en 1942 qui décida de l'extermination des Juifs. On peut aussi admirer le sens que possédait Staline pour compromettre personnellement ses séides, ici d'abord Khrouchtchev, non certes parce qu'il pouvait prévoir son futur, mais parce que, ukrainien, il lui appartenait, géographiquement en somme, d'exécuter cette déportation préventive des proches.

La lutte des classes n'a rien à faire ici, seulement la volonté de détruire une partie de l'élite du peuple polonais à mater. Auschwitz I sortait déjà de terre côté nazi. Peut-il y avoir pardon ? Là aussi, ce n'est à personne sauf aux Polonais d'en disposer. Mais, contrairement aux exterminateurs nazis, ceux de Moscou sont restés au pouvoir. Ce qu'on peut dire, c'est qu'il est revenu à Khrouchtchev, après la mort de Staline, de faire prendre (après Beria) au Bureau politique les décisions pour mettre fin à la terreur généralisée par Staline à quoi il avait pris part. Il fera réhabiliter des milliers de victimes, parmi lesquelles des survivants. Il ouvrira aux historiens certaines archives. Mais il se taira toujours sur Katyn.

1. *Ibid.*, p. 43.

Germaine Tillion a raison de faire la différence entre responsables nazis et communistes. La volonté d'annihiler l'adversaire, chez les plus intelligents de ces derniers du moins, ne semble pas avoir été *inusable.* Parce qu'au bout du compte elle était politique. Pas fondée sur la haine raciste. Cette remarque épuise-t-elle la question ? J'y reviendrai.

Sauf l'extermination des Juifs qui demeure le crime inexpiable spécifique du nazisme, l'Europe du XXIe siècle doit se regarder désormais victime au XXe siècle de deux totalitarismes qui y ont laissé des cicatrices indélébiles. Tout bien pesé, je ne crois pas, comme Germaine Tillion, qu'il faille faire intervenir ici « la lutte des classes » autrement que comme prétexte. Le coupable principal des exterminations soviétiques ou maoïstes, c'est un système d'État du Parti qui a, certes, utilisé cette lutte pour inculquer à des « cadres » qu'ils étaient des « hommes nouveaux », maîtres de l'histoire, qui n'auraient de ce fait jamais de comptes à rendre à leurs semblables, seulement au Parti. Ces cadres ne furent, là aussi, mais soixante-dix ans durant en U.R.S.S., quarante dans les démocraties dites populaires, un peu moins ou un peu plus en Chine, que des *derviches,* à qui on ne demandait, comme à ceux du national-socialisme, qu'« une foi aveugle, une volonté dirigée contre autrui et une tenue rigide ».

Au niveau de la gestion quotidienne de la terreur, les tchékistes, quel que soit le nom changeant de leurs services, ont pratiqué exactement la même haine que les nazis, mais contre « l'ennemi de classe », les mêmes massacres de masse pas seulement des officiers polonais, mais, dans le goulag, par exemple, contre les trotskistes, pourtant de la même souche qu'eux. Et alors qu'à l'Ouest il y eut, en dépit de bien des incertitudes, volonté de dénazification, l'Est n'a pas connu de déstalinisation analogue, même après la chute du régime. Ou seulement privée, et combien de responsables sont passés du Parti aux affaires avec la même bonne conscience dans le mépris des lois. Et des hommes.

D'autres, on ne le sait que trop, sont restés à travers les changements des hommes des « services ». Qu'on songe à ce qui se passe, déjà quinze ans après la chute du communisme, dans l'occupation de la Tchétchénie. La seule différence de fond entre les deux systèmes de terreur que l'Europe a connus tient bien à ce que, dans le nazisme, le caractère racial de la haine y a pris le pas sur le caractère politique. Mais haine il y a eu aussi à l'Est.

La gestion morale, la gestion politique de ce passé qui ne passe pas est bel et bien désormais un problème européen. C'était déjà le cas dans l'Europe des Six. Ce l'est encore beaucoup plus avec l'Europe des Vingt-Cinq. Il a fallu trente ans après la mort de Franco pour que l'Espagne se mette à exhumer les morts des fosses communes de la guerre civile. Le travail de mémoire des pays de derrière le rideau de fer n'a vraiment pu commencer que depuis la chute du mur de Berlin.

C'est aussi vis-à-vis de cette Europe que nous construisons que les soixante ans de la libération des camps nazis doivent être pensés désormais. Sans oublier tous les Soviétiques qui y ont laissé leur vie, encore moins tous ceux qui sont allés de nos camps directement au goulag. Ni les antinazies allemandes comme Margarete Buber-Neumann qui, du goulag, furent livrées à Ravensbrück. Nous, l'ensemble des survivants de tous les camps, avons, tant qu'il nous reste un souffle, ce devoir vis-à-vis de l'Europe tout court, continent enfin libéré de la barbarie, mais qui doit toujours faire face à la barbarie.

## XIV

## *L'Europe tout court*

J'ai rencontré l'Europe à Mauthausen. Une Europe de la résistance à Hitler, une Europe clandestine, souvent réduite à des chuchotis, même à des signes, mais une Europe d'autant plus solidaire que nous partagions la même peur, jour après jour, de commettre une erreur et d'être démasqués. Ce qui ne voulait pas seulement dire la mort, mais la torture. À travailler ainsi, dans le secret, avec des Espagnols, des Tchèques, des Belges, des Allemands, des Autrichiens, à la fin avec un Italien ; à me heurter à des Polonais, puis à vivre avec eux la tragédie qui les frappait, il s'est construit en moi, sans que j'y prenne garde, une Europe de la fraternité qui a renouvelé une histoire apprise au lycée et a beaucoup modelé le reste de ma vie. Beaucoup plus que je ne l'ai perçu pendant des années. Il a fallu la grande crise du communisme en 1956, les révolutions polonaise et hongroise pour que je renoue avec mes révisions du camp et les poursuive.

J'avais cru la voir se profiler dès 1946-1947, cette nouvelle Europe victorieuse de la terreur. Il y a eu en effet, dès ce moment-là, en dépit des chaos et de la misère qui subsistaient encore un peu partout, une Europe de l'espoir commun dont seule restait exclue la péninsule Ibérique toujours sous la botte de Franco et de Salazar.

On respirait alors le même air à Prague, à Varsovie, à Budapest qu'à Rome, Londres, Paris, et même, en dépit du délabrement de tout et de la faim, dans les secteurs occidentaux de Vienne et de Berlin, de l'Allemagne et de l'Autriche. Prague, quand j'y suis allé alors, sous la présidence de Beneš, offrait par rapport à Paris des visions d'abondance, une liberté, comme si la guerre était oubliée, et elle se voulait un pont entre l'Est et l'Ouest. C'est la mise en demeure soviétique aux « démocraties populaires » de refuser le plan Marshall à l'été 1947, la naissance du Kominform à l'automne, le « coup » de Prague en février 1948 qui ont cassé — pour quarante et un ans — cette Europe, en créant ce que Churchill nomma le rideau de fer.

L'a-t-on assez raillée cette « petite » Europe qui restait libre. Sur le continent, elle était matériellement presque aussi détériorée que les territoires de l'ancien Reich. Intellectuellement, elle renaissait. C'était mieux visible dans les pays qui se sortaient des dictatures. Voir l'essor italien, dans la liberté retrouvée, avec le néo-réalisme de son cinéma. La création du Groupe 47 en Allemagne. 1947 y est aussi l'année de la publication de la *Schuldfrage* de Jaspers, « la question de la responsabilité ». Livre fondamental d'un philosophe sans doute plus important que Heidegger qui, lui, l'a toujours éludée. Reconstruire impliquait déjà une coopération franco-allemande.

Aussi ai-je été emballé à l'orée des années 1950 par la réalisation, grâce à Jean Monnet, d'une haute autorité européenne pour le charbon et l'acier qui allait devenir un marché commun européen. De par ma formation d'historien-géographe, je voyais là une bonne façon de toucher au cœur du sujet, d'en finir avec cet acier qui avait été un des enjeux de la guerre si affreuse de 1914 afin de conduire à une reconstruction commune à l'aide de ces matières premières de base pour la guerre comme pour la paix.

Mes camarades de parti voulaient eux n'y voir qu'une affaire de trusts. En fait, l'Union soviétique, qui avait cherché à prendre pied dans la Ruhr au titre des réparations et à peser ainsi sur l'Ouest qui lui échappait, ne supportait pas d'en avoir été évincée et voyait d'un très mauvais œil la construction d'une Europe économiquement indépendante. Le projet d'armée européenne est venu trop tôt : le procès des coupables d'Oradour venait tout juste de se tenir. Mais qui s'étonne qu'il existe aujourd'hui des brigades franco-allemandes ? La pression soviétique se fit encore plus forte contre le traité de Rome qui, en 1957, établissait le marché commun entre les Six.

La reconstruction de notre partie de l'Europe en a reçu un élan décisif. Mais l'hostilité de la partie de la gauche qui voit, dans les liens européens, autant d'entraves à la révolution sociale dont elle voudrait que notre pays soit le creuset s'est renforcée et exprimée par le Programme commun des années 1970. Il a été mis en œuvre de 1981 jusqu'au changement de cap, après une troisième dévaluation en 1983, quand François Mitterrand dut mettre fin à une politique qui poussait la France à sortir de l'Europe. Un quart de siècle après le traité de Rome, l'essor de la communauté européenne imposait sa réalité complexe et bien vivante, son poids économique et humain à l'idéologie.

Vingt ans plus tard, à voir ce qu'a transformé, dans notre vie, l'Europe, surtout depuis l'euro, il est clair qu'il nous faut continuer et aller plus loin. Surtout après l'élargissement à vingt-cinq. Consolider les volontés communes. Apprendre à vivre notre histoire enfin réunifiée. Tisser ensemble notre présent. Répondre à un monde divisé, en convulsions meurtrières. Il y faut un engagement. L'Europe n'a avancé et n'avance que par engagements.

À l'heure de la mondialisation des communications, d'Internet (aussi de ses sites néo-nazis ou autres excitations à la haine, quand ce n'est pas au crime), comme des relais du terrorisme, toute idée de forteresse de liberté inexpugnable est absurde. Encore plus celle d'un pré carré français qui échapperait par soi seul à la montée des fondamentalismes et de leurs haines, elles aussi mondialisées. C'est seulement par des liens réciproques plus poussés entre nos pays que nous pouvons faire front. Il s'agit d'une entreprise de longue, très longue haleine, ce que nous avons vécu depuis 1945 le montre.

Il était impensable pour moi, encore en 1983, que je visse autant de groupes de filles et de garçons venus des écoles autrichiennes à Mauthausen que j'en ai vus en 2002. En 1983, alors que je me sentais parfaitement à l'aise en Allemagne fédérale, à Cologne comme à Berlin, je ressentais partout en Autriche des traces prégnantes du nazisme qui me faisaient froid dans le dos. Dans le comportement inconscient des gens, pas seulement à cause de mes souvenirs. Même s'il y a encore des résurgences politiques indésirables, je n'ai plus éprouvé ce genre de malaise en 2002. Espace de Schengen ? Eurogroupe ?

Mauthausen appartient au monde d'hier et jette au visage de tous les visiteurs d'aujourd'hui une quotidienneté de la mort, de la chambre à gaz, du crématoire qui fut partie intégrante du régime abject régnant alors sur l'Europe. Ses granits rappellent jusqu'à quelle déshumanisation un tel régime peut entraîner ceux qui le servent, jusqu'à quel avilissement ceux qu'il rend complices. Ces crimes collectifs affreux ne sont pas une affaire du seul XXe siècle, hélas. Nous sommes déjà entrés suffisamment dans le XXIe siècle pour redire avec Aragon que « rien n'est jamais acquis à l'homme ». Raison de plus pour ne pas oublier.

La guerre entre nationalismes yougoslaves nous a jeté au visage que les enfants et petits-enfants d'un pays qui avait été très fortement victime de la barbarie nazie (il y avait eu des milliers de Yougoslaves des deux camps, Mihaïlovitch et Tito, à Mauthausen et les massacres de l'occupation y furent impitoyables), leur pays devenu libre aussi du communisme, se sont tout de suite à leur tour lancés dans des combats et des assassinats d'autant plus sauvages que fratricides. J'ai un jour été arrêté par la couverture d'un tabloïd français dans un kiosque, faite avec une photo d'un des camps de prisonniers de cette guerre. À voir leur misère, on aurait pu prendre cet instantané avec les arrivants parqués à Mauthausen. Et qu'on pense au carnage de Srebrenica ! Cela s'est passé en Europe à la fin du XX^e^ siècle, à trois étapes de tour de France, pour parler comme de Gaulle, de la frontière française.

Seule l'Europe peut transgresser ces haines. Continuer de construire, comme sa partie ouest l'a réussi, un autre monde. Contrairement aux années qui ont suivi 1945 où les liens transatlantiques ont été puissants, depuis la chute du communisme, les États-Unis ont tendance à prendre le large. C'est accroître les responsabilités de l'Europe, non seulement vis-à-vis d'elle-même, mais vis-à-vis du reste du monde. Nous n'avons pas qu'une côte atlantique, mais aussi une côte méditerranéenne. Aussi une histoire commune avec l'Islam.

J'ai ouvert mes yeux sur le monde au milieu des années 1930 quand, sauf avec l'Espagne, la Suisse, le Luxembourg et la Belgique, une grande partie de nos frontières se fermaient sur des États fascistes. Trois ans plus tard, l'Autriche, l'Espagne et la Tchécoslovaquie étaient tombées sous la coupe de ces derniers. Dix ans plus tard, trois ans après la victoire sur Hitler, la division de l'Europe entre États libres et soumis sera refaite avec le rideau de fer et les condamnations à mort d'opposants politiques derrière sa frontière. À présent, pour la première fois, notre continent entier, de l'Espagne aux Canaries, aux Açores, à l'Irlande, aux pays Baltes et au cap Nord, de la Finlande à la Grèce et à Malte, mis à part les Balkans, tend à se réunifier sur une base de liberté et d'égalité entre les peuples. Ça n'a jamais eu lieu dans notre péninsule depuis que le monde est monde. Je suis heureux d'avoir vécu assez longtemps pour voir ça. J'espère que mes petits-enfants vivront dans une Europe capable d'assumer sa propre histoire et d'en prendre, comme on dit, de la graine.

Nous devons veiller à conserver la forteresse, tête de la pieuvre de Mauthausen, qui garde la mémoire de ses annexes aussi meurtrières qu'elle, dispersées de Passau, limite de la Bavière, à Klagenfurt en Carinthie et Loiblpass en Croatie, d'Ebensee à Vienne (pas moins de douze kommandos dans sa périphérie), sans oublier bien sûr Steyr, Linz, Melk, Graz, Peggau. Souvent, il n'en reste plus trace. D'où l'importance du bon état de la tête de la pieuvre [1].

Il faut que la forteresse existe, aussi parce qu'elle contraint à penser à ce qu'a été et est l'après-Mauthausen qui est partie prenante de l'après-Auschwitz. Au sens, comme l'a mis en évidence le philosophe allemand Theodor Adorno, que c'est la culture humaine elle-même qui a été affectée par Auschwitz. La culture, entendue comme l'expérience humaine que nous transmettons à nos descendants. Nos aînés n'ont pas su en finir avec la barbarie. Ma génération

1. Voir carte pages suivantes.

non plus. Rares survivants de Mauthausen, c'est nous aussi qui passons alors en jugement, de la sorte de scandale que constitua jadis, aux yeux de beaucoup, notre survie, à ce que nous avons fait d'elle et légué en bien ou en mal à ceux qui n'auront pas connu ce que nous avons vécu. Tout est à présent, et le restera, sur la table de l'histoire.

*7 janvier 2005*

TCHÉC
BAVIÈRE
Passau-Waldwerke
Passau-Jandelsbrünn
Passau II
MAUTHAUSEN
Lungitz
Linz am D.
St-Georgen
Kleinmünchen
Gusen
Ried/JKNKR
Ebelsberg
Cons
Grein
Danube
Melk
St Valentin
Bachmanning
Wels
Gunskirchen
Amstetten
Lambach
Steyr
Ried-Zipf
Attnang-Puchheim
Wöcklabruck
Ternberg
Lenzing
Grossraming
Weyer
St-Agid am N.
Dippolsau
Hollenstein
Salzbourg
Ebensee
Enns
Eisenerz
AUTRICHE
Wagram
Bretstein
Peggau
Lind
St-Lambrecht
Graz
Leibnitz
Klagenfurt
Loiblpass
Loiblpass II
ITALIE
YOUGOSLAVIE
kilomètres
0
20
40
50
Laibach

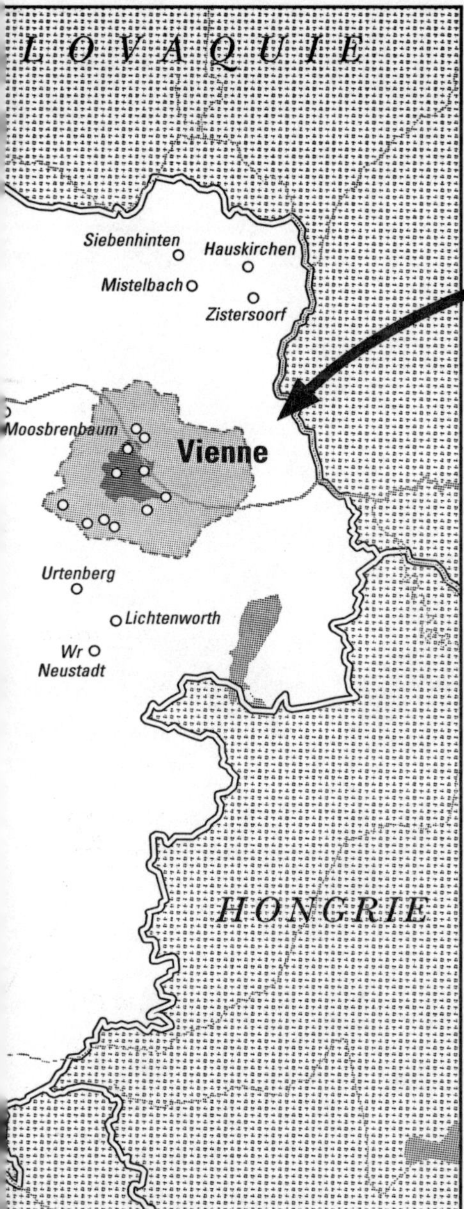


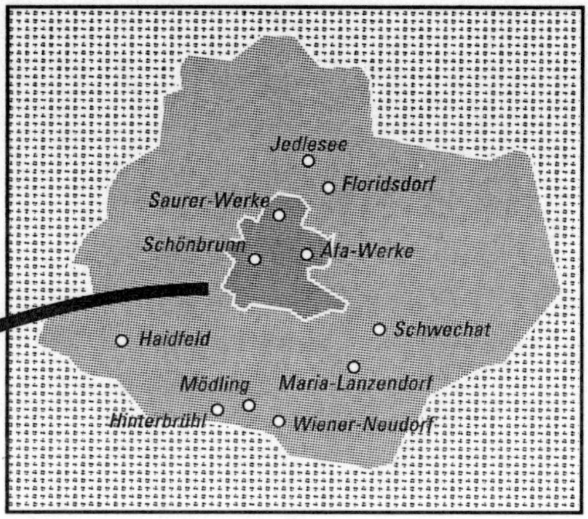


**Carte de Mauthausen et de ses camps annexes**

D'après le livre de Michel de Boüard *(Mauthausen, op. cit.)*.

## DU MÊME AUTEUR

*Romans*

LA DERNIÈRE FORTERESSE, Les Éditeurs français réunis, 1950 ; nouv. éd. augm. d'une préface d'Aragon et d'une postface de l'auteur, 1954.

CLASSE 42, Les Éditeurs français réunis, 1951.

CLASSE 42. 2. DIX-NEUVIÈME PRINTEMPS, Les Éditeurs français réunis, 1952.

CLASSE 42. 3. TROIS JOURS DE DEUIL ET UNE AURORE, Les Éditeurs français réunis, 1953.

UN TUEUR, Les Éditeurs français réunis, 1954.

LES EMBARRAS DE PARIS, Les Éditeurs français réunis, 1956.

LA RIVIÈRE PROFONDE, René Julliard, 1959.

MARIA, René Julliard, 1962.

L'ACCIDENT, René Julliard, 1965.

LES CHEMINS DU PRINTEMPS, Bernard Grasset, 1979.

LA PORTE DU TEMPS, Éd. du Seuil, 1984.

L'OMBRE DE LA FORTERESSE, Robert Laffont, 1990.

QUATRE JOURS EN NOVEMBRE, Belfond, 1994.

UNE SAISON PICASSO, Monaco, Éd. du Rocher, 1997.

UNE MAÎTRESSE POUR L'ÉTERNITÉ, Monaco, Éd. du Rocher, 2002.

*Essais et biographies*

SEPT SIÈCLES DE ROMAN, Les Éditeurs français réunis, 1955.

RÉFLEXIONS SUR LA MÉTHODE DE ROGER MARTIN DU GARD, suivi de LETTRE À MAURICE NADEAU ET AUTRES ESSAIS, Les Éditeurs français réunis, 1957.

Avec Charles Camproux, Eugène Guillevic et René Lacôte, NAISSANCE DE LA POÉSIE FRANÇAISE, Club des amis du livre progressiste, 1958-1960, 3 vol.

CLÉOPÂTRE, del Duca, 1961 ; 2e éd., Mengès, 1981.

Préface à Alexandre Soljenitsyne, UNE JOURNÉE D'IVAN DENISSOVITCH, Julliard, 1963.

JOURNAL DE PRAGUE (DÉCEMBRE 1967-SEPTEMBRE 1968), Julliard, 1968.

Préface à Manuel Razola et Mariano Constante, TRIANGLE BLEU, Gallimard, coll. « Témoins », 1969.

STRUCTURALISME ET RÉVOLUTION CULTURELLE, Casterman, 1971.

CE QUE JE SAIS DE SOLJENITSYNE, Éd. du Seuil, 1973.

PRAGUE AU CŒUR, U.G.E., « 10-18 », 1974.

ARAGON : UNE VIE À CHANGER, Éd. du Seuil, 1975 ; 2e éd., Flammarion, 1994.

LE SOCIALISME DU SILENCE : DE L'HISTOIRE DE L'U.R.S.S. COMME SECRET D'ÉTAT (1921-19**), Éd. du Seuil, 1976.

J'AI CRU AU MATIN, Robert Laffont, 1976.

LE FUTUR INDOCILE, Robert Laffont, 1977.

Préface à Viktor Kravchenko, J'AI CHOISI LA LIBERTÉ, trad. de l'américain par Jean de Kerdéland, Olivier Orban, 1980.

LES HÉRÉTIQUES DU P.C.F., Robert Laffont, 1980.

L'AVÈNEMENT DE LA NOMENKLATURA : LA CHUTE DE KHROUCHTCHEV, 1964, Bruxelles, Complexe, 1984.

CE QUE JE SAIS DU XXe SIÈCLE, Calmann-Lévy, 1985.

LA VIE QUOTIDIENNE DES SURRÉALISTES : 1917-1932, Hachette, 1993.

(Éd.), Louis Aragon, LETTRES À DENISE, Maurice Nadeau, 1994.

BRAUDEL, Flammarion, 1995.

FRANÇOIS PINAULT : ESSAI BIOGRAPHIQUE, Éd. de Fallois, 1998.

TOUT MON TEMPS : RÉVISIONS DE MA MÉMOIRE, Fayard, 2001.

LES LETTRES FRANÇAISES. JALONS POUR L'HISTOIRE D'UN JOURNAL (1941-1972), Tallandier, 2003.

ARAGON, Tallandier, 2005.

*Essais et livres d'art*

DELACROIX LE LIBÉRATEUR : DU ROMANTISME FRANÇAIS À LA PEINTURE MODERNE, Club des amis du livre progressiste, 1963.

PICASSO, A. Somogy, 1964.

Avec Georges Boudaille et la collab. de Joan Rosselet, PICASSO, 1900-1906, CATALOGUE RAISONNÉ DE L'ŒUVRE PEINT, Neuchâtel, Ides et Calendes, Paris, La Bibliothèque des arts, 1966 ; 2e éd., Ides et Calendes, 1988.

Avec Joan Rosselet, LE CUBISME DE PICASSO : CATALOGUE RAISONNÉ DE L'ŒUVRE PEINT, 1907-1916, Neuchâtel, Ides et Calendes, 1979.

NOUVELLE CRITIQUE ET ART MODERNE, Éd. du Seuil, 1968.

L'AVEUGLEMENT DEVANT LA PEINTURE, Gallimard, 1971.

JOURNAL DU CUBISME, Lausanne, Skira, et Paris, Flammarion, 1982.

LA VIE DE PEINTRE D'ÉDOUARD MANET, Fayard, 1983.

L'ORDRE ET L'AVENTURE : PEINTURE, MODERNITÉ ET RÉPRESSION TOTALITAIRE, Arthaud, 1984.

PICASSO CRÉATEUR : LA VIE INTIME ET L'ŒUVRE, Éd. du Seuil, 1987.

RODIN, Calmann-Lévy, 1988.

PAUL GAUGUIN, J.-C. Lattès, 1989.

PICASSO, LA PROVENCE ET JACQUELINE, Actes Sud, 1991.

HANS HARTUNG, Bordas, D. Gervis, 1991.

Avec James Johnson Sweeney, PIERRE SOULAGES : L'ŒUVRE, 1947-1990, Neuchâtel, Ides et Calendes, 1991.

ZAO WOU-KI : L'ŒUVRE, 1935-1993, Neuchâtel, Ides et Calendes, 1994.

PICASSO, LIFE AND ART, Harper-Collins Publishers, 1993-1994.

PICASSO AU BATEAU-LAVOIR, Flammarion, 1994.

DICTIONNAIRE PICASSO, Robert Laffont, 1995.

PICASSO ET MATISSE, Neuchâtel, Ides et Calendes, 1996.

Avec Jean-Paul Coussy, ALBERT BITRAN, ARCADES : PEINTURES, DESSINS, SCULPTURES, Toulouse, Caisse d'épargne de Midi-Pyrénées, 1998.

PIERRE ALECHINSKY, Neuchâtel, Ides et Calendes, 1999.

POUR UNE HISTOIRE CULTURELLE DE L'ART MODERNE. I, DE DAVID À CÉZANNE, Odile Jacob, 1998.

POUR UNE HISTOIRE CULTURELLE DE L'ART MODERNE. II, LE XX^e^ SIÈCLE, Odile Jacob, 2000.

YVES DE LA TOUR D'AUVERGNE, Éditions Bentell, 2000.

ANTONI CLAVÉ : ASSEMBLAGES, 1960-1999, Neuchâtel, Ides et Calendes, 2001.

PICASSO ET MATISSE REVISITÉS, Neuchâtel, Ides et Calendes, 2002.

EDUARDO CHILLIDA : L'ŒUVRE GRAPHIQUE, 1966-1996, Cajarc, Arts et dialogues européens, Maison des arts Georges-Pompidou, 2003.

SOULAGES, Neuchâtel, Ides et Calendes, 2003.

PICASSO TRENTE ANS APRÈS, Neuchâtel, Ides et Calendes 2003, prix Georges-Pompidou, 2003.

Avec Armand Israël, PICASSO. DOSSIERS DE LA PRÉFECTURE DE POLICE (1901-1940), Éditions des catalogues raisonnés, 2003.

# COLLECTION TÉMOINS

*Volumes publiés*

AMALRIK ANDREÏ : *Voyage involontaire en Sibérie.*
ARENDT HANNAH : *Eichmann à Jérusalem. Rapport sur la banalité du mal.*
ARLEN MICHAEL : *Embarquement pour l'Ararat.*
AURIOL VINCENT : *Mon septennat (1947-1954).*
BARANNE-FRANÇOISE : *Le Couloir. Une infirmière au pays du sida.*
BARNET MIGUEL : *Esclave à Cuba. Biographie d'un « cimarron » du colonialisme à l'indépendance.*
BERL EMMANUEL : *Interrogatoire* par Patrick Modiano, suivi de *Il fait beau, allons au cimetière.*
BLUM LÉON : *Lettres de Buchenwald.*
BONNER ELENA : *De mères en filles. Un siècle russe.*
BRÜNING HEINRICH : *Mémoires.*
BURGOS ÉLISABETH : *Moi, Rigoberta Menchú.*
CADART CLAUDE et CHENG YINGXIANG : *Mémoires de Peng Shuzhi. L'envol du communisme en Chine.*
CHENG YINGXIANG, avec la collaboration de CADART CLAUDE, *Dégel de l'intelligence en Chine, 1976-1989.*
CASTANEDA CARLOS : Voir. *Les enseignements d'un sorcier yaqui.*
CASTANEDA CARLOS : *Le Voyage à Ixtlan. Les leçons de don Juan.*
CASTANEDA CARLOS : *Histoire de pouvoir.*
CASTANEDA CARLOS : *Le Second Anneau de pouvoir.*
CASTANEDA CARLOS : *Le Don de l'aigle.*
CASTANEDA CARLOS : *Le Feu du dedans.*
CASTANEDA CARLOS : *La Force du silence. Nouvelles leçons de don Juan.*
COHEN DR SIDNEY : *Isd 15, l'hallucinogène absolu.*
COLLECTIFS : *Romanciers au travail.*
*Chili : le dossier noir.*
*La C.F.D.T. en questions.*
*L'Affaire Pasternak.*
COMBE MAURICE : *L'Alibi.*
COMMEAU-RUFIN IRÈNE : *Lettres des profondeurs de l'U.R.S.S. Le courrier des lecteurs d'*Ogoniok.
DAVIS ANGELA : *S'ils frappent à l'aube…*

DEDIJER VLADIMIR : *Le Défi de Tito. Staline et la Yougoslavie.*

DIÉNY JEAN-PIERRE : *Le monde est à vous.*

DRIEU LA ROCHELLE PIERRE : *Journal, 1939-1945.*

FAVRET-SAADA JEANNE et CONTRERAS JOSÉE : *Corps pour corps.*

FRANCO SALGADO-ARAUJO FRANCISCO : *Franco au jour le jour.*

FROLIC MICHAEL B. : *Le Peuple de Mao. Scènes de la vie en Chine révolutionnaire.*

FUCHS JÜRGEN : *Souvenirs d'interrogatoire.*

GARTON ASH TIMOTHY : *La Chaudière. Europe centrale 1980-1990.*

GRAMSCI ANTONIO : *Lettres de prison.*

GUIDUCCI ARMANDA : *La Pomme et le Serpent.*

HALIMI GISÈLE : *Le Procès de Burgos.*

HARRINGTON MICHAEL : *L'Autre Amérique. La pauvreté aux États-Unis.*

HERSH SEYMOUR M. : *Le Massacre de Song My. La guerre du Vietnam et la conscience américaine.*

HIMMLER HEINRICH : *Discours secrets.*

ISAACS HAROLD R. : *Épitaphe pour une révolution. Journal d'un retour en Chine au crépuscule du siècle.*

JACKSON GEORGE : *Les Frères de Soledad.*

JACKSON GEORGE : *Devant mes yeux la mort...*

JONES LEROI : *Le Peuple du blues.*

JUNG C. G. : *« Ma vie ». Souvenirs, rêves et pensées.*

KOUZNETSOV ÉDOUARD : *Journal d'un condamné à mort.*

KOUZNETSOV ÉDOUARD : *Lettres de Mordavie.*

LAQUEUR WALTER : *Le Terrifiant Secret. La « solution finale » et l'information étouffée.*

LEDDA GAVINO : *Padre Padrone.*

LEDDA GAVINO : *Padre Padrone II. Le langage de la faux.*

LEJEUNE PHILIPPE : *Cher cahier... Témoignages sur le journal personnel.*

LE ROY LADURIE EMMANUEL : *Paris-Montpellier. P.C.-P.S.U. 1945-1963.*

LE ROY LADURIE EMMANUEL : *Parmi les historiens*, I et II.

LEWIS OSCAR : *La Vida. Une famille portoricaine dans une culture de pauvreté : San Juan et New York.*

LEWIS OSCAR : *Une mort dans la famille Sanchez.*

LEWIS OSCAR : *Les Enfants de Sanchez.*

LEWIS O., LEWIS R. M., RIGDON S. : *Trois femmes dans la révolution cubaine.*

LIEHM ANTONIN : *Trois générations. Entretiens sur le phénomène culturel tchécoslovaque.*

LODI MARIO : *L'Enfance en liberté.*

LONDON ARTUR : *L'Aveu. Dans l'engrenage du procès de Prague.*

LONDON ARTUR : *Aux sources de* L'Aveu.

MANDELSTAM NADEJDA : *Contre tout espoir*, I, II et III.

MEDVEDEV JAURÈS : *Grandeur et chute de Lyssenko.*

MENDÈS FRANCE PIERRE : *La vérité guidait leurs pas.*

MLYNÁR ZDENEK : *Le froid vient de Moscou.*

MOCZARSKI KAZIMIERZ : *Entretiens avec le bourreau.*

MYRDAL JAN : *Un village de la Chine populaire* suivi de *Lieou-lin après la révolution culturelle.*

NAIPAUL V. S. : *L'Inde sans espoir.*

NOWAK JAN : *Courrier de Varsovie.*

ONNEN ÉRIC : *Au pied du mur. Chronique berlinoise, janvier 1989-avril 1990.*

PASQUALINI JEAN : *Prisonnier de Mao.*

PLISSETSKAÏA MAÏA : *Moi, Maïa Plissetskaïa.*

POLLIER ANNE : *Femmes de Groix ou la laisse de mer.*

RAZOLA MANUEL ET CONSTANTE M. : *Triangle bleu. Les Républicains espagnols à Mauthausen.*

SCHWIEFERT PETER : *L'oiseau n'a plus d'ailes...* Les lettres de Peter Schwiefert présentées par Claude Lanzmann.

SEALE BOBBY : *À l'affût.*

STAJNER KARLO : *7 000 jours en Sibérie.*

STERN AUGUST : *Un procès « ordinaire » en U.R.S.S. Le Dr Stern devant ses juges.*

TROTSKY LÉON et NATALIA : *Correspondance 1933-1938.*

TROTSKY LÉON, ROSMER A. et M. : *Correspondance 1929-1939.*

VEGH CLAUDINE : *Je ne lui ai pas dit au revoir.*

VIENET RENÉ : *Enragés et situationnistes dans le mouvement des occupations.*

VINCENT GÉRARD : *Le Peuple lycéen.*

WELLERS GEORGES : *Les chambres à gaz ont existé.*

WYLIE LAURENCE : *Un village du Vaucluse.*

WYLIE LAURENCE : *Chanzeaux, village d'Anjou.*

ZLATIN SABINE : *Mémoires de la « Dame d'Izieu ».*

*Composition Graphic Hainaut.*
*Achevé d'imprimer*
*sur Roto-Page*
*par l'Imprimerie Floch*
*à Mayenne, le 23 mars 2005.*
*Dépôt légal : mars 2005.*
*Numéro d'imprimeur : 62675.*
ISBN 2-07-077431-7 / Imprimé en France.

**135509**